화폐기술의 미래

화폐 기술의 미래

한국조폐공사 지음

아날로그에서 디지털로
돈의 미래와 무한한 진화

매일경제신문사

2023년 10월 한국조폐공사 사장에 취임했다. 그런데 회사의 모습은 예전에 내가 생각했던 것과는 크게 달랐다.

한국조폐공사라는 이름과 달리 화폐 제조는 매출의 25%에 지나지 않았다. 여권과 주민등록증 등 신분증을 합치더라도 전통 사업 비중은 50% 남짓이었다. 나머지 절반은 화폐 제조 기술을 활용한 신사업이 담당하고 있었다. 그동안 화폐 수요 감소에 대응해 도전과 실패를 거듭하며 새로운 길을 찾고 있었던 것이다.

그러나 미래 전망은 좋지 않았다. 서서히 가라앉고 있는 배처럼 매출은 2년 연속 감소하고 있었고, 영업이익은 적자에서 흑자로 전환하였지만 주로 비용 절감에 의한 것이었다.

변화가 필요했다. 지속 성장을 위해 "조폐가 산업이 되다"를 아젠다로 정하고 화폐 제조 기술과 그동안의 실패 경험을 토대로 제조업 스마트화와 ICT 기업, 문화 기업, 수출 기업으로의 전환을 추진하였다.

이제 한국조폐공사라는 배는 침몰 위기에서 벗어나 다시 항해를 시작하였다. 1951년 창립된 대한민국 제3호 공기업은 '석탄공사 다음으로 문을 닫을 것'이란 예상과 달리 당당히 재탄생하고 있다. 그 74년간의 이야기를 여러분들과 공유하고 싶어 이 책을 출간하게 되었다.

한국조폐공사 사장 성창훈

한국조폐공사 아직 안 망했나요?

A — 공기업 입사 준비는 잘돼가니?

B — 한국조폐공사가 인기도 많고, 서울에서 멀지 않아 고민 중이에
   요. 그런데 현금이 사라지면 회사가 문을 닫지 않을까 걱정돼요.

A — 현금 사용이 줄어든 게 어제오늘의 일이 아닌데, 설마 회사가 아
   무런 대비도 안 했겠어? 괜히 인기가 있진 않을 테니 잘 알아봐.

예전엔 절대 민영화되지 않을 공기업으로 한국조폐공사가 꼽혔
다. 하지만 지금은 문 닫을 회사로 거론되고 있다.

> 공기업 중에 실제 문을 닫는 회사도 있다. 1950년 설립돼 국민에게 필수 에
> 너지를 공급하는 중요한 역할을 해왔던 대한석탄공사가 2025년 모든 광업
> 소를 폐광하기로 돼 있다. 한때 탄광 지역에서는 "개도 만 원짜리를 물고 다
> 닌다"라는 말이 있을 정도로 호황을 누리기도 했지만, 석탄은 석유와 천연가
> 스에 자리를 내어주고 이제 그 역할을 다한 것이다.

사진 출처: 한국조폐공사

1951년 설립된 한국조폐공사는 오랜 역사만큼이나 많은 부침을 겪었다. IMF를 거치며 직원의 45% 정도가 직장을 떠났고, 새 화폐의 등장과 함께 반짝 실적을 거두긴 했으나 '동전 없는 사회' 추진, 현금 사용의 감소 등으로 불안한 미래에 맞닥뜨렸다.

한국조폐공사, 항구를 떠나 먼바다로 나아가다

"배는 항구에 있을 때 가장 안전하다. 그러나 그것이 존재의 이유는 아니다."

– 괴테

화폐 제조는 대표적 사양산업으로 거론된다. 신용카드와 체크카드가 대표적 결제 수단으로 자리를 확고히 하고 있고, 이마저도 각종 '페이pay'로 넘어가고 있으니 당연한 일이다.

IMF 때의 구조조정이 큰 트라우마로 남아 있는 한국조폐공사에 있어 이러한 산업의 위기는 회사가 존립의 기로에 서게 될지도 모른다는 우려의 그림자를 깊게 드리웠다.

하지만 한국조폐공사는 계속해서 새로운 길을 찾아왔다. 공기업이라는 우산 속에서 안주하지 않고, 좋았던 한때를 추억하기보다 불안한 미래에 도전하는 길을 택했다. 그 과정에서 실패와 좌절도 있었으나 이것은 오히려 먼바다에서 새로운 항로를 개척할 수 있는 자양분이 되었다. 위기의 시기에도 정부의 도움 없이 자체 수입만으로 경영하는 건실함을 유지할 수 있었다.

한국조폐공사의 새로운 길 찾기는 2009년 오만 원 지폐가 나오면서 시작되었다. 만 원권 생산이 줄고, 수표 사용도 줄면서 해외로 눈을 돌렸다. 2013년 기준으로 페루, 리비아 등 16개국에 총 4,100만 달러의 화폐를 수출하였으나 수익이 나지 않아 사업을 접을 수밖에 없었다.

다음으로 ICT 사업으로의 전환을 꾀했다. 2010년 전자주민등록증 사업에 대비해 시스템을 개발하였으나 다음 해 입법이 무산되었고, 모바일 카드의 안전한 발급과 관리를 위한 서비스도 개발하였으나 시장이 성숙하지 않아 사업화에 실패하기도 했다. 이어 의욕적으로 추진한 귀금속 소재의 불리온 메달 사업은 큰 손실을 보아 위기를 불러오기도 했다.

그러나 시간이 지나며 새로운 시장의 여건은 미리 준비해온 한국조폐공사에 좋은 기회가 되고 있으며, 실패 과정에서 쌓인 기술력은 미래 지도를 그리는 데 무엇보다 중요한 자산이 되었다.

신대륙을 찾아 뱃머리를 돌리다

한국조폐공사의 미래 청사진은 네덜란드의 DSMDutch State Mines을

- 1902년 설립
- 분야: 화학, 생명과학
- 종업원 수: 21,351명

네덜란드 국영 탄광으로 출범했으나 석탄 산업의 침체를 바라만 보지 않고 사업을 다각화해 현재는 화학, 생명과학 분야에서 성공한 다국적 기업으로 네덜란드 왕실의 인정을 받아 'Royal DSM'이라 불린다.
'Royal' 칭호는 100년 이상의 역사를 가진 기업 가운데 해당 분야에서 매우 중요한 위치를 차지하면서 도덕적, 재정적으로도 견고한 경우에만 부여된다.
세계 최초로 비타민C의 원료를 개발했으며 현재 헬스케어, 식재료, 바이오 메디컬, 동물 영양 등 다양한 분야에서 사업을 하고 있다.

DSM의 사업 분야

출처: DSM 홈페이지 및 블로그

롤모델로 삼고 있다.

한국조폐공사는 대한민국의 DSM이 되고자 한다. 먼바다에서 길을 잃지 않고 신대륙에 닿는 항로를 개척하고자 한다.

화폐 생산은 줄었지만 70여 년간 화폐 제조를 통해 쌓은 기술력을 바탕으로 여권, 상품권 등 보안 인쇄뿐 아니라 기념주화, 골드바등 특수 압인 분야에서도 지평을 넓혀왔다. 시대 흐름에 맞게 전자여권, 모바일 신분증과 상품권 등 디지털 전환을 적극 추진함으로써 존폐 우려를 불식시켰고 이제 더 나은 성장의 밑그림을 그리고있다.

실물에서 디지털로의 패러다임 전환에 발맞춰 ICT 기업으로의 진화를 공고히 하고 그간 화폐 제조를 통해 체득한 예술성을 바탕으로 문화 기업으로, 새로운 해외 시장 개척을 통한 수출 기업으로 자리매김하고자 한다.

이러한 사업 전환 과정에서의 도전과 실패, 변화와 혁신 사례가 다른 공공기관들에 등대 역할을 할 수 있으리라 본다. 그리고 무엇보다도 이 책을 통해 한국조폐공사에 대한 많은 궁금증이 해소될 수 있길 바란다.

차례

PART 1
한국조폐공사 무슨 일을 하나요?

Chapter 1   이런 것도 만들어요?

Chapter 2   해외 조폐 기관과 차이가 뭐죠?

Chapter 3   돈이 사라진다? 위기의 한국조폐공사

PART 2
사업 다각화로 위기를 돌파하라

PART 3
제조를 넘어 ICT·문화·수출 기업으로

PART 1

한국조폐공사
무슨 일을 하나요?

Chapter 1
이런 것도 만들어요?

'돈만' 만드는 기업?
'돈도' 만드는 기업!

　일반적으로 한국조폐공사는 '돈만 만드는 곳'이라고 알려져 있다. 그러나 사실은 이와 다르다. 한국조폐공사는 돈뿐만 아니라 신분증, 훈장 등을 기본 사업으로 하고, 관련 기술을 활용하여 700여 종의 다양한 제품을 만들고 있다. 한국조폐공사는 경제의 근간인 화폐로 사업을 시작했지만, 시대적 변화에 따라 새로운 공적 역할을 추가로 수행하면서 제품과 사업이 확대되었다.

전쟁 비용 충당으로 시작한 화폐 사업

　한국조폐공사는 제3호 공기업이다. 1951년 10월 1일 한국전쟁 중 임시 수도였던 부산에서 낡은 기계 몇 대를 가지고 시작했다. 제1호

공기업은 한국마사회이다. 정부 수립 초기 국가 재정을 충당하기 위해 설립됐다. 제2호 공기업은 대한석탄공사로 국민 필수 에너지를 공급하기 위해 설립됐다. 한국조폐공사는 세 번째 공기업으로 전쟁 비용을 충당하고, 적군이 위조화폐로 공격하는 것을 막는 임무를 맡았다.

1970년대 한국 경제가 본격적으로 성장하자 화폐 발행량이 급증했고, 고액 화폐 수요도 높아져서 오천 원권과 만 원권 공급이 시작됐다. 1983년 오백 원권 지폐가 동전으로 바뀌고 20년 가까이 화폐 체계와 도안이 유지됐다. 2000년대에 들어서 컬러복사기를 이용한 위조지폐가 늘어나면서 위조 방지 기능을 강화하는 것이 필요해졌다. 그래서 2006년부터 2007년까지 홀로그램, 은선 같은 새로운 위조 방지 요소를 적용한 현용 화폐로 전면 개편하였고 2009년에는 오만 원권 지폐가 새롭게 나왔다.

간첩 사건으로 시작된 주민등록증

한국조폐공사가 주민등록증을 만들기 시작한 것은 1968년부터이다. 주민등록증이 만들어진 계기는 소위 김신조 사건(1·21 청와대 기습 사건)이다. 1968년 1월 13일 북한 민족보위성 정찰국의 124부대 소속 31명이 우리나라 국군 복장을 하고 수류탄과 기관단총으로 무장한 채 청와대를 습격하기 위해 서울에 침입한 사건이다. 이 사건 이후 간첩을 색출하고 인구 동태를 파악하기 위해 1968년 11월 21일 처음으로 주민등록증이 발급되었다. 처음에는 번호가 12자리였다가 1975년에 13자리로 변경되었으며 1999년에 와서는 종이에서 플라스틱 재질로 개선되었다.

한국조폐공사는 1999년 주민등록증 일제 갱신 사업을 계기로 본격적으로 신분증 카드 사업 분야에 진출했고 복지신분증, 외국인 등록증, 공무원증, 청소년증, 군인 전역증 등 다양한 공공 신분증을 제조·공급하고 있다.

여권 대란 해소, 미국 비자 면제를 위해 여권 통합 발급

한국조폐공사는 주민등록증과 함께 여권도 제조하고 있다. 2006년 이전까지는 한국조폐공사가 여권 책자만 만들고 발급은 전국 40여 개 지자체가 각각 담당했다. 경제 발전으로 여권 수요가 계속 늘어났고, 발급 신청이 몰리는 휴가철이 다가오면 매년 '여권 대란'이 반복됐다.

한편 미국이 비자 면제 협정을 진행하면서 그 조건으로 전자 여권을 도입하고, 발급 단계에서 보안을 강화할 것을 요구했다. 그런데 여권을 전국에 분산해서 발급하면 외부의 침입이나 도난을 방지하기 어렵기 때문에 발급을 한 곳에서 관리할 필요성이 높아졌다.

이에 외교통상부는 2007년 5월 한국조폐공사를 여권 제조와 발급 대행 전담 기관으로 지정하여 전국에 흩어져 있던 여권 발급 장비를 한국조폐공사 ID본부에 모으고, 국민이 여권을 편리하게 발급받을 수 있게 했다. 과거에는 현장에서 여권을 신청하고 발급받기 위해 긴 시간을 기다리고, 심한 경우에는 다음날에 다시 와야 했는데, 이 문제가 해소됐다. 미국과 비자 면제 협정도 체결돼 미국대사관에 수백 명이 몇 시간씩 줄을 서서 비자 인터뷰를 기다리던 불편함도 해소됐다. 어떤 날은 종일 대기하던 사람 700명이 되돌아가는 일도 있었으나, 이제는 대한민국 여권만 있으면 미국 방문이 가능해졌다.

2021년 12월, 여권은 다시 한번 업그레이드됐다. 높아진 대한민국의 위상에 걸맞게 위조 방지 요소를 대폭 강화하고, 신원 정보면을 내구성이 강한 폴리카보네이트 재질로 바꾸었으며, 각 페이지 디자인마다 문화유산을 넣어 한국 고유의 멋을 살렸다. 이로써 여권 소지자는 해외에서 대한민국 국민의 지위를 완전히 인정받을 수 있게 되었다.

수입 대체를 위한 상품권 사업

우리나라 최초의 상품권은 일제강점기인 1930년, 서울 명동에서 문을 연 국내 첫 백화점인 미쓰코시백화점 경성점에서 발행되었다. 상품권에도 화폐처럼 여러 가지 위조 방지 요소가 들어가기에 한국조폐공사가 충분한 사업 역량을 갖고 있었으나 처음부터 시장에 진출하지는 않았다. 상품권 도입 초기, 주로 중소 인쇄업체들이 제작했지만, 규모가 큰 백화점 상품권이나 주유 상품권 등은 해외 기업의 차지가 됐다. 1990년대 후반에 이르러서는 상품권 수입에 매년 100억 원대의 외화가 유출되는 상황이 되었다.

한국조폐공사가 상품권 시장에 뛰어든 것은 1999년 「한국조폐공사법」이 개정되면서부터이다. 이때부터 수입에 의존하던 대형 유통사의 상품권을 하나씩 한국조폐공사 제품으로 대체하기 시작해 2000년대 말에는 모든 대형 유통사가 한국조폐공사에 제작을 의뢰하게 되었다. 여기에 더해 해외에 진출한 회사를 위해 외국에도 상품권을 공급하고 있다.

한국조폐공사는 이밖에 공익 목적의 상품권도 두 가지 공급하고 있다. 바로 온누리상품권과 지자체 상품권이 그것이다. 대형 마트가 늘어나면서 전통시장과 골목상권을 보호해야 할 필요성이 대두되었고, 한국조폐공사와 소상공인시장진흥공단이 협력해 온누리상품권을 기획했다. 현재 한국조폐공사가 제조를 맡고 소상공인시장진흥공단이 사업을 주관하고 있다. 또 한 가지는 지자체 상품권이다. 포항시가 '죽도시장상품권'을 발행한 것을 시작으로 현재 전국 82개 지방자치단체가 참여해 지역 경제 활성화를 돕고 있다.

한국조폐공사는 종이로 된 상품권 외에도 카드, 모바일 등 여러 방식으로 상품권을 공급해 이용자의 선택권을 보장하고, 편의성을 높이고 있다. 특히 모바일 상품권은 지역 특성에 맞는 정책 수당을 지급하기 편하고, 배달 앱이나 택시요금 결제 등 다양한 부가 서비스를 제공하기 쉬워 사업 규모가 빠르게 확대됐다.

동전 제조에서 출발한 기념주화·메달 사업

거의 모든 나라의 조폐 기관은 주화를 제조하면서 얻은 정교한 압인 기술을 활용해 기념주화, 기념 메달 사업을 하고 있다. 한국조폐공사도 마찬가지다. 처음에는 국제적 행사나 국가기념일을 홍보하기 위해 기념주화가 만들어졌고, 시간이 지나면서 우리나라의 문화와 국가유산 등으로 주제가 확대됐다. 대표적으로 유네스코 세계문화유산 기념주화, 국립공원 기념주화가 있다. 개인 소장용으로도 쓰이지만, 외국 손님을 맞을 때 선물로 유용하다.

한국조폐공사는 기념주화와 함께 기념 메달도 제조한다. 메달은 기념주화와 달리 액면가, 즉 금액 표시가 없는 것이 특징인데 K-컬처와 같이 현대 문화와 관련된 주제가 많다. 손흥민 선수와 BTS 기념 메달은 소비자들로부터 큰 호응을 얻었으며, 최근에는 지역 경제 활성화를 위해 제작한 '영남 알프스 등반 기념 메달'이 산악인들로부터 많은 인기를 끌기도 했다.

기념 메달을 비롯해 귀금속으로 만들어진 불리온 메달이나 골드바 등 한국조폐공사가 만든 압인 제품들은 국민 입장에서 볼 때 상당히 매력적이다. 공기업인 한국조폐공사가 금, 은 등 귀금속의 순도와 중량을 보증하는 데다 세계 최고 수준의 위변조 방지 요소가 적용돼 신뢰할 수 있고, 품질이 높기 때문이다.

한국조폐공사는 국가 브랜드 가치 제고를 위해 K-예술형 주화의 제조도 준비하고 있다. 예술형 주화는 미국의 독수리, 중국의 판다처럼 국가 상징물을 금이나 은 등으로 만든 주화인데 오래지 않아 만나볼 수 있을 것이다.

실물화폐와 신분증의 모바일화

한국조폐공사의 사업도 디지털 시대에 발맞춰 진화하고 있다. 화폐, 신분증, 상품권 등 실물을 제조하던 형태에서 벗어나 모바일화를 추진하고 있다. 대표적인 것이 모바일 상품권이다. 한국조폐공사는 2017년부터 개발에 착수하여 2019년에 블록체인 기반 플랫폼 '착chak'을 론칭했다. 개발 첫해 경기도 시흥시를 시작으로 현재 전국 82개 지자체에 지역사랑 상품권을 공급하고 있으며, 상품권 제조부터 판매, 환전까지 더욱 안전하고 쉽게 관리할 수 있는 '상품권 통합 관리 서비스'를 개설하였다.

다음으로 모바일 신분증이 있다. 모든 국민은 본인의 신원을 증명하기 위해 신분증을 사용하고 있는데 대부분 플라스틱 카드 형태로 발급되어왔다. 그런데 이것은 분실 위험이 있고, 지갑에 넣어 다녀야 하는 불편함이 존재한다. 한국조폐공사는 이 불편을 개선하여 언제 어디서나 편리하게 이용할 수 있도록, 신분증을 스마트폰에 담는 모바일화를 추진하고 있다.

2021년에는 공무원증, 2022년에는 운전면허증, 2023년에는 국가보훈등록증의 모바일화를 마쳤고 2025년부터는 17세 이상 모든 국민이 발급받는 주민등록증까지 모바일화될 예정이다.

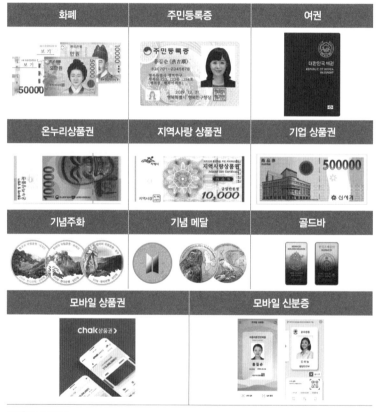

사진출처 : 조폐공사

한국조폐공사가
걸어온 길

한국조폐공사는 6·25 전쟁 중인 1951년 임시 수도인 부산에서 설립됐다. 현재 조직은 본사, 제품 생산을 담당하고 있는 화폐·제지·ID본부, 연구 조직인 기술연구원으로 구성되어 있다.

연도별 소재지 변천사

기관	연도별 소재지				
본사	1951 부산 ⇨	1953 서울 ⇨	1973 대전 ⇨	1987 대전	
화폐 본부	1953 부산 ⇨	1964 대전 ⇨	1975 대전/경산 ⇨	1988 옥천/경산 ⇨	1999 경산
제지 본부	1958 대전 ⇨	1983 부여			
ID 본부	2007 대전				
기술 연구원	1967 대전 ⇨	1987 대전			

1951년 부산에서 창립	1975년 경산조폐창 설립 (현 화폐본부)

1983년 부여조폐창 설립 (현 제지본부)	2007년 ID본부 설립

사진 출처: 한국조폐공사

　　본사는 휴전 이후 서울로 이전하였다가 1973년에 대전으로 옮겼고, 기술연구원은 1967년 대전에 설립되었다. 여권과 주민등록증, 각종 신분증을 생산하는 ID본부는 2007년 설립 때부터 대전에 터를 잡았다.

　　화폐 생산을 전담하는 화폐본부는 부산에서 대전, 다시 충북 옥천으로 자리를 옮겼고, 1975년에 경북 경산에 건설된 제2공장과 함께 두 곳에서 운영되다 1999년에 경산으로 통합되었다. 이 과정에서 상당한 진통이 있었는데 자세한 내용은 다음 항목인 '노사 간의 대립과 파업 유도 사건'에서 확인할 수 있다.

　　은행권 용지를 생산하기 위해 1958년 설립된 제지본부는 새로운 입지를 찾아 대전에서 충남 부여로 이전했고 현재 여권, 상품권 등의 인쇄에 필요한 다양한 용지를 제조하고 있다.

이와 더불어 국내외에 세 개의 자회사를 두고 있다. 먼저 용지 생산의 주원료인 면 펄프를 안정적으로 확보하기 위해 2010년에 세계적 면화 생산지인 우즈베키스탄에 대우인터내셔널(현 포스코인터내셔널)과 합작으로 GKDGlobal Komsco Daewoo를 설립하였고 이어서 2018년에는 경비 업무를 담당하는 ㈜콤스코시큐리티와 시설 관리를 위한 ㈜콤스코투게더를 설립하였다.

앞서 살펴본 바와 같이 한국조폐공사는 새로운 목초지를 찾아 끊임없이 이동하는 유목민처럼 시대의 흐름에 적극 대응해왔으며 이를 통해 변화를 두려워하지 않는 조직 문화를 갖게 되었다.

지도로 보는 한국조폐공사	
국내	해외

국내

MINT 사업처
서울 마포구 독막로
ID 본부
대전 유성구 테크노로
본사·기술연구원
㈜콤스코시큐리티
㈜콤스코투게더
대전 유성구 과학로
화폐본부
경북 경산시 화랑로
제지본부
충남 부여군 염창리

해외

GKD
우즈베키스탄, 양기율

노사 간의 대립과 파업 유도 사건

한국조폐공사는 1990년대 들어 혹독한 노사분규를 겪었는데 1993년부터 1999년까지 7년 연속 쟁의가 발생하였다. 사업량 격감으로 어려움에 맞닥뜨린 상황에서 기구 축소, 정원 조정을 통한 특례 명예퇴직을 실시한나는 정부의 경영 혁신 계획이 발단이 되어 시작된 분규는 해를 거듭할수록 노사 간의 극한 대립으로 이어졌다.

이런 가운데 1997년 말 외환위기로 정부가 IMF 구제금융을 신청하며 갈등은 정점을 찍게 되었다. IMF 체제로 들어서면서 공기업 구조조정의 필요성이 강하게 대두되었고, 옥천 조폐창을 경산 조폐창(현 화폐본부)으로 통합하는 결정이 이루어지면서 1998년에는 세 차례의 직장 폐쇄 조치가 단행될 만큼 노사관계는 회복하기 어려울 정도로 악화되었다.

이 과정에서 노사 간, 직원 간 갈등의 골이 깊어졌을 뿐 아니라 2,634명의 정원을 1,446명으로 줄이면서 45% 정도의 직원들이 회

사진 출처: 한국조폐공사

사를 떠나게 되었다. 그러나 이러한 아픔을 극복하기도 전에 소위 '한국조폐공사 파업 유도 사건'이 터지면서 한국조폐공사는 다시 한번 국민의 걱정 어린 시선을 받게 되었다. 1999년 6월 당시 대검 찰청 공안부장이 기자들과 함께한 자리에서 "공기업 구조조정이 필 요한 시점에서 분규 조짐이 있는 한국조폐공사의 파업을 유도하고 본보기를 보여주려 했다"는 식의 발언을 한 것이 언론에 대서특필 되면서 사회적 이슈로 떠올랐다. 즉, 검찰이 짜놓은 계획에 따라 옥 천 조폐창과 경산 조폐창의 통폐합이 추진되었고 이에 따라 노사분 규가 발생했다는 의혹이 제기된 것이다.

이 사건으로 검찰 수사와 국정조사가 진행되었으며, 특별검사까 지 임명되었다. 최종 수사 결과에 따르면 창 통폐합은 당시 한국조 폐공사 사장의 독단적 판단에 따른 것으로 밝혀졌다. 재판부 역시 당시 공안부장에 대해 창 통폐합 건은 무죄를, 일부 노동관계법 위반에 대해서는 징역 1년에 집행유예 2년을 선고함으로써 사건은 마무리되었다.

대한민국 최초 올림픽 금메달의 영광은 한국조폐공사가

우리나라의 올림픽 첫 금메달은 공식적으로 1976년 몬트리올 하계 올림픽에서 나왔다. 물론 한국인으로서의 첫 금메달은 1936년 베를린 올림픽 마라톤에서 손기정 선수가 땄다. 하지만 당시는 일제의 지배를 받던 시기로 일장기를 달고 참가할 수밖에 없었다.

태극기를 달고 올림픽에 참가한 사람 가운데 최초 금메달의 영광은 한국조폐공사 레슬링부 소속의 양정모 선수가 차지하였다. 국민적 영웅이 된 그는 선수 생활을 끝낸 이후에도 한국조폐공사 레슬링부 감독을 맡아 후배 양성에 힘썼고, 현재도 레슬링계의 대부로 불리고 있다.

한국조폐공사를 빛낸 또 한 명의 선수는 역도의 전상균 선수다. 2012년 런던 올림픽에 한국조폐공사 역도부 소속으로 참가하여 아쉽게도 4위에 그쳤다. 그러나 12년이 지난 2024년, 당시 동메달을 차지했던 선수가 금지 약물 복용으로 메달이 취소되면서 전상균 선수가 동메달을 승계하게 되었다. 그가 눈물을 삼킨 후 세 번의 올림픽이 더 열리고 나서야 제대로 된 평가를 받은 것이다.

그는 〈조선일보〉와의 인터뷰에서 "올림픽은 정정당당한 스포츠

정신이 필요하다. 지금 이 순간에도 피땀 흘리며 열심히 올림픽을 준비하는 선수들에게 내 이야기가 타산지석이 됐으면 한다"라고 말했다.

이처럼 한국조폐공사는 비인기 종목 운동부를 운영해오며 스포츠 발전에 기여했는데, 그 역할은 여기에 그치지 않았다.

우리나라에서 열린 1986년 아시아경기대회, 1988년 하계 올림픽, 2018년의 동계 올림픽 등 굵직한 국제대회의 시상 메달을 제조하였고 경기장 입장권부터 상장, 참가증뿐만 아니라 경기를 기념하기 위해 발행하는 기념주화와 기념 은행권도 공급하면서 대한민국의 위상을 알리는 데 힘을 보탰다.

사진 출처: 한국조폐공사

한국조폐공사, 이것이 궁금해요!

지폐는 종이로 만들지 않는다고?

우리가 사용하는 돈은 '지폐紙幣'라 불리지만 사실 일반 종이가 아닌 면섬유 재질로 만들어진다.

그렇다면 왜 옷을 만드는 면섬유를 이용하여 지폐를 만들까? 가장 큰 이유는 오랫동안 여러 사람의 손을 거치며 다양한 환경에서 사용되기 때문에 일반 종이보다 질기고, 쉽게 찢어지지 않아야 하기 때문이다. 면섬유로 만들어진 종이는 특수한 표면 처리 약품을 사용하면 목재 섬유보다 더 질긴 종이로 만들 수 있고, 탄력이 뛰어나 고압의 인쇄 조건에서도 고품질의 인쇄가 가능하다는 장점이 있다.

누구나 한 번쯤은 주머니에 지폐를 넣은 채 세탁기를 돌린 적이 있을 것이다. 빨래 후 꺼내면 '아이고 다행이다'라는 생각이 든다. 돈이 상하지 않았기 때문이다. 일반 종이였다면 물에 풀어지고 주머니만 지저분해졌을 텐데, 면섬유는 원형이 잘 유지된다. 이는 면섬유에 특수한 표면 처리를 했기 때문인데, 이렇게 하면 일반 종이보다 결합력이 우수해져 훨씬 더 강한 내구성을 갖고, 찢어지지 않는다.

또한, 면섬유는 친환경 재료로 인체에 무해하다. 아기 기저귀나 속옷의 재료가 면섬유인 것은 장시간 접촉해도 피부에 해가 없기 때문이다. 일상생활에서 우리가 수시로 만지는 지폐도 같은 이유로 면화를 재료로 쓴다. 무엇보다 면화는 1년생 식물인 목화에서 뽑아내므로 탄소를 흡수하고 매년 지속적으로 생산되는 장점이 있다.

최근에는 지폐를 면화 대신 폴리머Polymer로 만드는 나라가 늘어나고 있다. 폴리머는 일종의 플라스틱으로 면화보다 더 질기고 덜 오염되는 특징이 있다. 반면에 지폐와는 다르게 한번 구겨지면 원형이 잘 복원되지 않는 단점이 있고, 여러 장을 쌓으면 두꺼워져 보관이나 휴대가 불편할뿐더러 ATM 같은 금융 자동화 기기에서 인식이 어려워지는 문제가 있다. 따라서 거래 환경이 좋지 않고, 금융 자동화가 덜 된 나라나 개발도상국에서 주로 사용된다. 일부 OECD 국가 중에도 사용하는 곳이 있는데, 호주, 캐나다, 멕시코 등이 이에 해당한다.

여권도 한국조폐공사에서 만든다고?

대한민국 최초의 여권은 현재 우리가 사용하는 여권과 완전히 다르다. 최초의 여권은 장면 박사가 1948년 11월 초대 주미대사로 임명되면서 발급받은 외교관 여권이다. 지금처럼 책자 형태가 아니라 한 장의 종이 형태로 돼 있다. 위조 방지에 크게 신경을 쓰지 않았던 과거에는 정부가 민간 인쇄소에서 여권을 만들었고, 1973년이 돼서야 한국조폐공사가 책자 형태로 된 여권을 만들기 시작했다. 여권 책자만 한국조폐공사가 만들고, 발급은 사진을 붙이는 형식으로 지방자치단체에서 담당했다.

지금은 여권이 흔하지만, 과거에는 특별한 소수만이 가질 수 있

장면 박사에게 주어진 대한민국 외교관 여권 제1호(1948년)

었다. 1989년 해외여행이 자유화되면서 일반인도 여권을 발급받기 시작했다. 그 이후 여권 신청량이 매년 늘어나 2000년대 중반에 이르러서는 지방자치단체 여권발급센터에서 감당하기 어려운 수준으로 수요가 늘어나 발급 지체로 국민들이 많은 불편을 겪었다.

이를 해소하기 위해 2007년부터 중앙 발급 체제로 전환해 이를 한국조폐공사가 담당하면서 종잡을 수 없던 발급 기간이 5일 이내로 정해져 국민 불편이 해소됐다. 곧이어 2008년에는 얼굴, 지문 등 생체 정보를 담은 전자 칩이 여권에 들어가면서 전자 여권 시대가 열리기 시작했다.

2021년에는 다시 한번 여권이 바뀌었다. 플라스틱 재질의 개인 정보면과 37가지나 되는 보안 요소가 적용돼 위변조가 거의 불가능해졌고 외국에서 국민이 신분을 더 확실하게 인정받게 되었다.

여권 디자인 면에서도 큰 변화가 있었는데 선사 시대부터 조선 시대까지의 대표적인 문화유산들을 시대별, 지역별로 구분해 배치하고 페이지마다 다른 이미지들을 적용해 우수한 우리의 문화가 공유될 수 있도록 하였다.

여권 페이지를 한장 한장 넘기다 보면 마치 화첩을 보는 느낌이 들 정도로 심미적인 면도 강조됐다.

서비스도 업그레이드됐나. 우체국 안심 택배를 통해 신청인의 수소지에서 여권을 받아볼 수 있는 '개별 우편 배송 서비스'를 제공해 여권 신청과 수령을 위해 시·군·구청을 두 번 가는 번거로움을 없앴다.

대한민국 여권은 세계에서 가장 강력한 여권 중 하나로 평가받고 있다. 여권 지수 중에 대표적으로 인용되는 '헨리 여권 지수'에 따르면 2025년 1월 기준 190개국에 무비자로 방문할 수 있어 1위 싱가포르(193개국)에 이어 2위에 위치하는 세계적인 여권 파워를 자랑하고 있다.

전자 여권용 KCOS 개발 추진

여권에 전자 칩이 들어있다는 사실을 아는 사람은 많지 않다. 우리나라는 2008년 8월 25일 전자 여권e-passport을 처음 도입하였는데 내장된 전자 칩에는 여권 소지자의 개인 정보와 얼굴 사진 그리고 지문과 같은 생체 정보가 저장되어있다. 이러한 데이터를 암호화

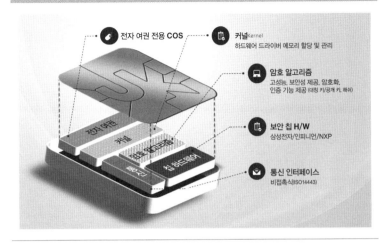

KCOS(칩 운영 체제)

전자 여권 전용 COS

커널Kernel
하드웨어 드라이버 메모리 할당 및 관리

암호 알고리즘
고성능, 보안성 제공, 암호화,
인증 기능 제공 (대칭 키/공개 키, 해쉬)

보안 칩 H/W
삼성전자/인피니언/NXP

통신 인터페이스
비접촉식(ISO14443)

알고리즘을 활용하여 안전하게 저장하고 보호하는 운영 시스템을 COSChip Operating System라 한다.

출입국 절차는 모든 나라가 엄격하게 운영하고 있다. 출입국 심사대를 통과할 때 누구나 이유 없이 마음 졸였던 기억이 있을 것이다. 여권 칩 인식에 문제가 있어 출장이나 여행을 망치기라도 한다면? 이러한 이유로 대부분의 세계 여러 국가는 한 치의 불안 요소라도 없애기 위해 글로벌 기업의 여권용 COS에 의존하는 실정이다.

한국조폐공사는 70년 넘게 지폐를 만들어온 기술력을 바탕으로 여권 책자의 종이부터 인쇄까지 자체 보안 기술을 활용하여 세계 최고 수준의 여권 책자 제조 기술을 가지고 있었지만, ICT 분야 기술력은 백지 수준이었다. 한국조폐공사는 ICT 사업 전환 전략에 발맞추어 2007년부터 'KCOSKOMSCO COS'라는 프로젝트명을 내걸고 전문가를 채용하여 COS 국산화를 위한 개발을 시작했다. 은행권과 신분증이 주력 사업이었던 한국조폐공사가 사업 변환을 위한 첫걸음을 내딛는 역사적인 순간이었다.

이후 20여 년의 시간이 흐르는 동안 한국조폐공사의 도전은 하나둘씩 결실을 거두기 시작했다. 2013년에는 국제 공통 평가 기준(CC 인증)의 최고 등급인 'EAL5+'를 획득하였다. 또한, 그동안 차곡차곡 쌓아온 기술력을 인정받아 정부로부터 '모바일 국가 신분증 전문 기관'으로 공식 지정받은 바 있다. 공무원증, 운전면허증에 이어 2025년에 개시한 IC 주민등록증과 IC 외국인등록증에도 한국조폐공사의 COS가 적용될 예정이다.

이렇듯 다른 국가 신분증에는 한국조폐공사가 개발한 COS를 사용하고 있는데 여권에는 아직 한국조폐공사의 여권용 KCOS가 들어가 있지 않다. 이는 정부가, 국민이 세계 여러 나라에서 사용할 여권이기 때문에 돌다리도 두드려보고 건너는 것처럼 충분한 검증이 필요하다고 판단했기 때문이라 본다.

앞으로 한국조폐공사는 완벽에 가까운 KCOS가 될 수 있도록 마지막 단계라 할 수 있는 세계 각국 검증된 기관의 테스트, 외교관 여권과 관용 여권 시범 사업을 시행할 계획을 가지고 있다. 이러한 빈틈없는 준비로 정부와 국민에게 신뢰를 받는다면 머지않아 국민이 외국에서 수입한 COS가 아닌 새롭게 한국조폐공사의 KCOS가 적용된 여권을 들고 세계 곳곳을 안심하고 다닐 수 있으리라 기대한다.

사례로 만나보는 일상 속 한국조폐공사 제품

설 명절에 온누리상품권으로 전통시장에서 과일과 음식 재료를 구매해 맛있는 음식을 준비했다. 오랜만에 모인 가족들은 한 달 뒤 다 함께 해외여행을 가기로 결정했다.

오늘은 온 가족이 모여 베트남 다낭으로 해외여행을 가는 날. 전국에 흩어져 있는 가족들이 각자 인천공항으로 집결하기로 하였다. 서울에서 생활하는 고등학생 동생은 한국조폐공사에서 발급하는 청소년증으로 지하철을 타고 오며, 참전 유공자로 훈장까지 받으신 할아버지는 국가보훈등록증으로, 아버지는 복지카드로 대중교통 할인을 받아 오신다. 대전에서 올라오는 형은 모바일 운전면허증으로 차량을 렌트해서 온다고 한다. 다음으로 해외여행 갈 때 무조건 챙겨야 하는 1순위, 전자 여권이다. 나는 한 달 전에 구청에 방문해 여권을 신청했다. 이때 신원확인용으로 주민등록증을 보여줬던 기억이 있다. 요즘은 다낭 현지에서 오만 원권도 사용할 수 있다고 해서 환전하지 않고 현금만 챙겨간다. 다낭에서 만날 현지인 친구에게 선물할 유통 주화 세트와 기념주화, BTS 기념 메달도 잘 챙겼다.

사례에서 보이는 한국조폐공사 제품들

온누리상품권, 청소년증, 훈장, 유공자증, 복지카드, 모바일 운전면허증, 전자 여권, 주민등록증, 현금, 유통 주화 세트, 기념주화, BTS 기념 메달

드라마 <종이의 집>은 현실이 될 수 있을까?

"통일 한국의 조폐국을 강도단이 장악했다. 인질들이 건물 안에 갇혀 있는 상황. 경찰은 어떻게든 빨리 강도들을 제압하고, 이 작전을 설계한 수수께끼의 인물을 찾아내야 한다."

– 넷플릭스 드라마 〈종이의 집: 공동경제구역〉 중에서

드라마 〈종이의 집: 공동경제구역〉은 동명의 스페인 드라마를 리메이크하여 제작되었다. 통일을 앞두고 남북이 공동으로 설립한 조폐국을 배경으로 벌어지는 사건을 다루고 있다. 강도단은 4조 원 규모의 돈을 직접 찍어갈 계획을 세우고 시설을 점거하는데…. 실제로 이런 일이 가능한지 살펴보자.

① 현금 수송 차량 탈취

강도단은 통일 조폐국의 이름이 새겨진 트럭과 호송차를 탈취해 조폐국에 침입한다. 그런데 이것은 스토리 전개를 위한 드라마적 요소일 뿐이다.

한국조폐공사는 현금 수송 차량임을 알아볼 수 있는 어떠한 표식도

사용하지 않는다. 오히려 최대한 눈에 띄지 않게 운행하고, 특별한 사정이 없는 한 정차도 하지 않는다. 공급 날짜와 이동 경로가 철저히 비밀에 부쳐질 뿐만 아니라 차량의 움직임은 GPS로 관제되어 조금만 이상한 낌새가 보여도 바로 비상이 걸린다. 게다가 현금 수송 차량에는 실탄으로 무장한 인원이 탑승하므로 탈취 시도는 하지 않는 것이 낫다.

② 조폐국 진입

드라마에서 강도단은 8명의 인원으로 어렵지 않게 조폐국을 장악한다. 경비원이 도움을 청하려다가 제지되는 장면이 있지만, 보안이 허술한 편이다. 하지만 실제 한국조폐공사는 최고 등급의 보안 시설이다. 이중으로 된 담장이 둘러쳐 있고, 담장에는 수백 대의 CCTV와 각종 센서가 설치돼 있다. 유일한 출입구인 정문은 차량 진입 방지 장치와 바리케이드가 즐비하고 경비 인력이 물샐 틈 없이 감시하고 있다. 내부로 진입한다 해도 중요 이동 통로마다 출입 통제 게이트가 설치돼 있고, 화폐 인쇄 작업장은 인가된 직원만 출입할 수 있다. 한국조폐공사 직원이라도 아무나 출입할 수 없는 공간이다. 게다가 비상 상황이 발생하면 인근 경찰, 군부대가 총출동하니 바로 진압될 것이다.

③ 화폐 인쇄

조폐국을 장악한 강도단은 4조 원에 이르는 화폐 인쇄를 시도한다. 하지만 한국조폐공사 입장에서 볼 때 헛웃음이 나오는 이야기이다. 오만 원권 지폐 한 장이 만들어지기까지 총 8단계를 거치는데, 40여 일 걸린다. 인쇄용지는 온·습도를 유지한 채 일정 기간 숙성시켜야 하고, 잉크도 별도로 제작해야 하며, 인쇄는 여러 기계로 몇 번에 걸쳐서 하므로 이 중 어느 하나라도 잘못되면 쓸 수 없는 불량 화폐가 만들어진다.

드라마에선 십만 원권을 만들지만, 현실엔 없으니 오만 원권 기준으로 살펴보면 4조 원을 인쇄하기까지 빨라도 3개월이 걸린다. 과연 그 오랜 시간 동안 조폐국을 점거할 수 있을지 의문이다.

마지막으로 모든 게 뜻대로 풀려서 4조 원의 돈을 찍어서 가지고 나간다면 그 돈을 쓸 수 있을까? 주화와 달리 은행권에는 일련번호가 있으니 언론을 통해 특정 일련번호의 돈을 사용하는 사람을 신고해달라고 하면 그만이다. 국민적 관심사일 테니 바로 신고가 들어올 것이다. 결국, 드라마는 드라마일 뿐이다.

Chapter 2

해외 조폐 기관과 차이가 뭐죠?

세계에서도 손꼽히는 '종합 조폐 기관'

화폐만 만드는 것이 아니다!

한국조폐공사는 다른 조폐 기관과 달리 '종합 조폐 기관'이라는 점에서 가장 큰 차이가 있다. 대부분의 조폐 기관은 은행권 또는 주화 즉, 화폐만을 생산한다. 반면에 한국조폐공사는 화폐뿐만 아니라 여권과 주민등록증 등의 신분증, 보안 인쇄 제품의 제조에 더해 모바일 신분증과 지역사랑 상품권 등의 ICT 서비스까지 하고 있다. 이러한 종합 조폐 기관을 가진 나라는 우리를 포함해 러시아, 브라질, 중국, 스페인 등 몇 되지 않는다.

다음으로 한국조폐공사는 공공성을 가진 공기업이라는 데서 민간과 공공이 공존하는 다른 나라와 차이가 난다. 민간 기업은 경제적 이익을 우선시하는 반면, 한국조폐공사는 공기업으로서 공익을

글로벌 주요 조폐 기관 비교(2022년)				주요 사업					(단위: 억 원)
구분	매출액	직원 수	자산 규모	은행권	주화	ID	ICT	유통 추적	
G+D (독일)	34,302	12,594명	40,609	○		○	○		
BE&P (미국)	13,075	1,908명	15,833	○					
Goznak (러시아)	10,422	6,600명	16,579	○	○	○	○	○	
국립인쇄국 (일본)	6,546	4,073명	26,210	○		○			
DeLaRue (영국)	5,973	2,311명	6,027	○		○	○	○	
한국조폐공사 (한국)	4,933	1,349명	5,629	○	○	○	○	○	
FNMT (스페인)	3,719	1,215명	7,451	○	○	○	○	○	

출처: 한국조폐공사

최우선으로 한다. 정부가 자본금을 출자해 설립한 만큼 국민의 신뢰를 얻을 수 있도록 최고의 보안 서비스 제공과 사회적 책임을 다하고 있다. 아울러 기업성도 소홀히 하지 않아 미래 지향적인 혁신을 통해 지속 가능 경영을 추진하고 있다.

마지막으로 한국조폐공사는 화폐 제조 전 공정을 직접 운영하는 '완전한 제조 공정 체계'를 갖추고 있다. 외국의 경우 원료인 면 펄프, 특수 잉크 등을 수입해 인쇄만 하는 곳이 많다. 하지만 한국조폐공사는 면 펄프, 용지와 핵심적인 기능의 보안 잉크 등 원재료를 직접 제조해 최종 인쇄까지 하고 있다.

특히 화폐 제조에 필수적인 면 펄프를 안정적으로 확보하기 위해 대표적 면화 생산국인 우즈베키스탄에 자회사를 설립하기까지 했는데 이는 세계적으로 유래를 찾기 힘든 경우이다. 현재 이곳은 모회사인 한국조폐공사뿐 아니라 스페인 등 13개국에 수출까지 하고 있고, 앞으로 더욱 성장할 것으로 기대된다. 더불어 한국조폐공사는 보안 잉크를 직접 제조해 사용하는 데 그치지 않고, 해외 조폐 기관에 수출하고 있어 기술력을 인정받고 있다.

모든 제조 공정을 직접 운영하는 것이야말로 글로벌 공급망 위기에도 흔들림 없이 화폐 주권을 수호할 수 있는 든든한 버팀목이다. 이러한 기반을 탄탄히 다진 한국조폐공사, 그래서 명실상부한 종합 조폐 기관인 것이다.

돈의 일생: 발행부터 폐기까지

한국조폐공사 직원들은 흔히 주변 지인들에게 "돈 좀 많이 찍어서 가져오라"는 농담을 자주 듣는다. 그럴 수 있다면 얼마나 좋으련만, 사실 돈은 한국조폐공사가 마음대로 찍어낼 수 없다.

먼저, 돈의 디자인과 기획을 한국조폐공사가 마음대로 하는 것이 아니다. 한국은행이 화폐 도안을 결정하고, 기획재정부가 발행 승인을 하고, 금융통화위원회의 의결을 거쳐야 돈의 디자인이 최종 결정된다.

도안이 확정되어도 한국조폐공사 마음대로 돈을 찍어낼 수는 없다. 한국은행이 시중에 풀려있는 현금량과 경제 상황, 폐기 규모 등 여러 가지를 고려해 필요한 화폐 발행 규모를 결정한 다음 한국조폐공사에 제조를 의뢰하는 과정이 필요하다. 즉, 한국은행이 요구한 만큼만 찍을 수 있다. 한국조폐공사의 역할은 완벽한 품질의 화폐를 제조해 한국은행에 공급하는 것까지이다.

이때의 돈은 유통되어도 아무런 문제가 없는 상태이긴 하지만 실제 돈으로서의 가치를 가지지는 못한다. 한국은행이 금융기관의 요청에 따라 금고에 있던 돈을 내보내면서부터 돈의 일생이 시작된다. 이를 '발행'이라 하는데 발행되기 전의 돈을 한국조폐공사 직원들은 그냥 '제품'이라 부른다.

이렇게 시중에 풀린 돈은 개인, 기업 등 경제 주체들이 사용하다

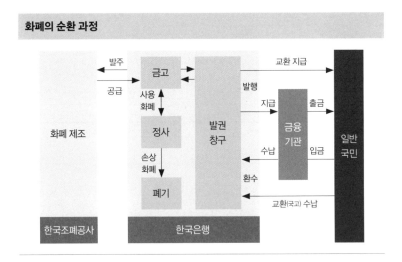

화폐의 순환 과정

다시 금융기관으로 돌아오고 금융기관은 예금 인출에 대비한 최소 금액을 제외한 나머지를 다시 한국은행으로 보낸다. 즉, 풀렸던 돈이 환수되는 것이다.

한국은행은 수납된 화폐의 수량과 금액을 확인하고, 위변조화폐를 가려낸 다음 오염이나 손상 여부에 따라 재사용이 가능한 화폐와 부적합한 손상 화폐로 구분하는 '정사' 작업을 한다.

재사용이 가능한 화폐는 한국은행 금고에서 다시 사용할 준비를 하고, 손상 화폐는 잘게 썰거나 불에 태우는 방법으로 물리적인 형태를 없애는 소각 과정을 거쳐 폐기됨으로써 비로소 돈으로의 일생을 마친다.

세계 최고
화폐 품질 자부심!

　한국조폐공사의 사업장 입구에는 품질의 중요성을 상징적으로 강조하는 문구인 '100-1=0'을 새긴 비석이 세워져 있다. 100-1이 99가 아닌 0이라는 이상한 셈법이지만, 많은 기업이 고객 만족과 품질 관리의 중요성을 언급할 때 관용적으로 써온 표현이다.

　한국조폐공사가 완벽한 품질을 선언하고 있지만, 외국 화폐에 익숙한 일부 사람들은 "한국의 화폐 인물은 실제 초상이 아니라서 현실감이 떨어진다", 혹은 "일본 돈은 빳빳한데, 우리 돈은 그런 맛이 덜하다"라고 말하기도 한다. 그렇다면 한국 화폐의 품질 수준은 객관적으로 어느 정도일까?

화폐 품질 국제 비교

우선 디자인이나 도안에 쓰인 인물에 대한 선호도는 사람마다 다를 수 있으므로 별개로 하고, 국제적으로 통용되는 화폐 품질 평가 기준은 유통 수명*, 생산 과정에서의 불량률, 위조화폐 발생률, 위조 방지 요소의 개수 등이 있다. 결론부터 말하면 한국의 화폐 품질은 세계 최고 수준이라 할 수 있다.

오만 원권을 기준으로 유통 수명은 181개월로 일본 만 엔의 54개월, 200유로의 142개월보다 월등히 길다. 미국 100달러가 275개월로 제일 길긴 하나 실제 유통이 잘 안 되는 것을 고려하면 한국의 유통 수명은 최고 수준이라고 평가할 수 있다. 또 하나 눈에 띄는 점은 일본 화폐의 유통 수명이 상대적으로 짧다는 것인데 이는 돈을 험하게 써서라기보다 자주 신권으로 교체하기 때문이다. 그래서

주요국 은행권 유통 수명 비교

국 가	최저 액면	중간 액면	고 액면
한 국	천 원, 70개월	만 원, 135개월	오만 원, 181개월
일 본	천 엔, 18개월	오천 엔, 18개월	만 엔, 54개월
유로존	5유로, 19개월	50유로, 50개월	200유로, 142개월
미 국	1달러, 79개월	20달러, 94개월	100달러, 275개월

출처: 한국은행 보도자료(2022년 12월 7일)

---

* 신권이 한국은행 창구에서 발행된 후 시중에서 유통되다 더 이상 사용하기 어려울 정도로 손상돼 다시 한국은행으로 환수될 때까지 소요되는 기간.

출처: www.pmgnotes.com

일본의 화폐가 빳빳한 느낌이 나는 것이다. 일본처럼 화폐 교체 주기를 짧게 하면 위조 발생률이 낮아지는 장점도 있다.

다음으로 생산 과정에서의 불량률은 미국의 절반 수준에 가깝다. 대부분의 국가가 화폐 제조 손율을 공개하지 않아 직접 비교는 어렵지만 외국에서 불량 화폐가 많이 유통되는 것을 보면 품질 관리 수준이 낮다는 것을 짐작할 수 있다. 인터넷에서 'Error Dollar', 'Error Euro'를 검색하면 불량 화폐를 쉽게 찾을 수 있고, 실제 수집가들 사이에서 높은 가격에 거래되고 있다. 하지만 아쉽게도 우리나라에서는 불량 화폐를 만나기가 어렵다.

그렇다면 위조지폐 발생률은 어떨까? 한국이 압도적으로 낮다. 2010년대 초반만 하더라도 일본이 가장 낮았으나 2019년부터 우리가 일본보다 낮아졌고, 2023년 들어서는 일본의 1/3 수준까지 떨어졌다. 그러나 최근 SNS를 통한 위조지폐 거래가 일어나는 등 위조지폐 발생 위험성은 항상 남아 있다.

마지막으로 위조 방지 요소 개수를 살펴보자. 고액권을 기준으로

유통 은행권 백만 장당 위조지폐 발견 장수

국가	한국	일본	호주	유로존	멕시코	영국
장수	0.03	0.1	6.0	13.0	45.7	45.8

출처: 한국은행 보도자료(2024년 1월 9일)

우리나라는 22개, 달러화 14개, 엔화 14개, 유로화는 21개로 우리나라가 가장 많다. 위조 방지 요소를 많이 넣으면 위조 발생률을 낮출 수는 있지만 그만큼 품질 관리는 더 어려워진다.

주요국 은행권 위변조 방지 요소 비교

국가	한국				미국	유로존	일본
	천원	오천 원	만 원	오만 원	100달러	100유로	오천 엔
건수	19	21	21	22	14	21	14

출처: 한국조폐공사

한국조폐공사에서 만들어진 화폐는 한국은행으로 보내지기 전에 한국은행의 품질 검사를 받는다. 다양한 환경에서도 견딜 수 있는 화학적, 물리적, 환경적 시험에서 얼마만큼 훼손되지 않고 잘 견디는지 총 17가지의 테스트를 거친다. 여기에는 아세트산, 휘발유, 표백제 등 일상생활에서 접할 수 있는 11가지 화학약품에도 잘 견디는지, 세탁기에 넣어도 훼손되지 않는지 등 6가지의 조건이 포함되어 있다.

종합하면 한국의 화폐는 엄격한 품질 검증을 거치기 때문에 더 오래 사용할 수 있고, 다양한 위조 방지 요소를 포함하고 있지만 높은 기술력 덕분에 손율이 낮고, 위조는 잘 발생하지 않는다고 볼 수 있다.

화폐 속에 숨어 있는 위조 방지 요소

오만 원권에 22가지나 되는 위변조 방지 요소가 있다고는 하지만 대부분의 사람은 몇 가지밖에 모를 것이다.

하지만 위조화폐는 보통 육안으로 보아도 다른 느낌이 드는데 이는 사람들이 쉽게 구별 가능한 15가지 요소가 들어있기 때문이다. 여기에는 은화(숨은 그림), 홀로그램, 요판 인쇄(볼록하게 만져지는 부분), 입체형 부분 노출 은선(은색 띠), 형광 인쇄 등이 있다.

나머지 7가지는 특수 장비로 보아야만 확인할 수 있는데 범죄 단체나 적성 국가에서 악의적으로 화폐를 위조했을 때 우리만이 알아볼 수 있도록 공개하지 않고 있다.

오만원권

● 디자인

● 위조방지요소

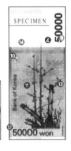

1. 띠형 홀로그램 : 앞면 왼쪽 끝 부분에 부착된 특수필름 띠로서 보는 각도에 따라 색상이 변하는 ① 태극 ② 우리나라 지도 ③ 4개의 3가지 무늬가 띠의 상 중 하 3곳에 있고 그 사이에 액면 숫자 "50000"이 보임

2. 입체형부분노출은선 : 청회색 바탕에 여러 개의 원형 태극무늬를 사방 연속으로 적용. 은행권을 상하/좌우로 기울였을 때 태극무늬가 각각 좌우/상하 방향으로 움직임

3. 가로확대형 기번호 : 기번호 10자리의 문자와 숫자의 크기가 오른쪽으로 갈수록 커짐

AB 0000001C   AB 0000001C

4. 필터형 잠상 : 특수 제작된 필터를 그 위에 올려놓고 살펴보면 필터를 통해 액면숫자가 드러남

5. 돌출은화 : 빛에 비추어 보지 않아도 숨은그림인 오각형 내의 숫자 '5'가 육안으로 식별됨

6. 숨은그림 : 빛에 비추어 보면 인물초상과 유사한 그림이 확인됨

7. 볼록인쇄 : 신사임당 초상, 활매도, 문자와 숫자 등을 만져 보면 오톨도톨한 감촉을 느낄 수 있음

8. 요판잠상 : 특수 볼록인쇄 기법으로 액면을 의미하는 숫자 '5' 를 숨겨놓고 인쇄한 것으로 눈 위치에서 은행권을 비스듬히 놓아 보면 숨겨놓은 숫자가 드러나 보임

9. 색변환잉크 : 뒷면 오른쪽 액면숫자 "50000"에 특수잉크를 사용하여 이 숫자의 색상이 은행권의 기울기에 따라 자홍색(magenta)에서 녹색(green) 또는 녹색에서 자홍색으로 변함

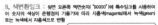

10. 앞뒤판맞춤 : 둥그란 원 속의 무늬를 빛에 비추어 보면 앞면과 뒷면의 무늬가 합쳐져 정확히 태극무늬가 완성됨

11. 미세문자 : 확대경을 이용하여 볼록인쇄한글 자음 및 "BANK OF KOREA" 및 똥판인쇄액면 숫자 "50000"한 문자 및 숫자를 식별할 수 있음

12. 엔드리스 무늬 : 앞·뒷면 상단과 하단을 서로 맞대면 무늬가 연속되어 보임

13. 무지개인쇄 : 특수 인쇄기법에 의하여 인접한 잉크가 혼색되어 여러 색이 나타남

14. 형광 잉크 & 은사 : 자외선을 쏘여(照射)하면 녹색형광 색상 이미지와 적·청·녹의 밝은 실선이 드러남

평생직장?
취업준비생이 일하고 싶은 공기업 5위

공공기관, 특히 공기업은 취업준비생들로부터 선망의 대상이 된 지 오래다. 급여 수준이 민간 대기업만큼은 아니지만 공무원에 비해 상대적으로 높고 정년이 보장되기 때문이다. 또한 국가를 위해 일한다는 사명감까지 더할 수 있으니 공기업의 취업 문을 통과하기란 그야말로 낙타가 바늘구멍을 통과하는 것과 같다고 해도 지나치지 않다.

그렇다면 공기업 중 한국조폐공사의 인기는 과연 어느 정도일까?

국내 유명 취업 포털인 인크루트에서 매년 실시하는 '대학생이 뽑은 가장 일하고 싶은 공기업' 설문 조사에 따르면, 한국조폐공사는 5위에 올라 있다. 물론 1위가 되면 더욱 좋겠지만 규모가 훨씬 크고 처우가 좋다는 공기업들도 10위권 밖에 위치하는 것을 보면 그리 나쁜 성적만도 아니다.

지급 결제의 대부분이 카드나 페이로 변해 현금을 구경하기조차 쉽지 않은 세상이다. 그렇다면 한국조폐공사도 할 일이 점점 줄어 회사의 존립을 걱정할 법한데도 취업준비생들에게 인기가 식지 않고 있다. 무슨 특별한 이유라도 있는 것일까? 이제부터 그 내막을 한번 살펴보기로 하자.

① 작지만 강하다!

한국조폐공사의 규모는 크지 않다. 임직원이 약 1,400명 정도이니 수만 명 넘게 근무하는 대형 공기업과 비교해 보면 수십 분의 일에 불과하다.

하지만 기업의 경쟁력과 역량이 꼭 그 규모에서 비롯되는 것만은 아니다. 이는 공기업 성과 측정의 바로미터인 정부 경영 평가 결과만 봐도 쉽게 알 수 있다. 한국조폐공사는 최근 10년간 정부 경영 평가에서 한 번을 제외하고 아홉 번을 양호 등급인 B등급 이상을 달성

최근 10년간 한국조폐공사 정부 경영 실적 평가 결과				
연도	2014	2015	2016	2017	2018
등급	A	A	A	B	B
연도	2019	2020	2021	2022	2023
등급	A	B	C	B	B

출처: 한국조폐공사

한국조폐공사 정부 배당액 누계				
시기	~1988년	1989년~2000년	2000년~현재	누적
금액(억 원)	46	65	568	679

출처: 한국조폐공사

했고, 이 중 절반에 해당하는 네 번은 우수인 A등급이었다.

이뿐만이 아니다. 한국조폐공사는 정부에 '돈을 잘 벌어다 주는 공기업'이기도 하다. 창립 당시 정부가 출자한 66억 원 이외에 어떠한 지원도 없이 회사를 경영하며 정부에 배당액으로 납부한 금액만 679억 원이나 된다.

매년 적자가 발생하고 이를 보전하기 위해 보조금이 투입되는 공기업들이 적지 않은 현실을 감안할 때 이러한 경영 성과는 의미가 크다. 작은 규모일지라도 허투루 예산을 집행하지 않고 혁신을 거듭하며 이제는 돈을 만드는 기업을 넘어 ICT로 눈을 돌리며 새로운 사업 영역에 도전하고 있는 한국조폐공사. 이 정도면 취업준비생들로부터 인기를 누릴 자격이 충분하지 않을까?

② 월급보다 소중한 Work-life balance

국가 정책에 따라 많은 기업이 일-가정 양립을 위한 다양한 제도를 쏟아내고 있지만, 실제 그 효과는 미미하다. 오히려 이용하는 직원에게 보이지 않는 불이익을 제공하기도 한다.

한국조폐공사 역시 불과 10여 년 전만 하더라도 별반 다르지 않았다. 하지만 작은 제도부터 개선하고 임직원들의 노력이 더해져 지금은 직원들이 "급여가 다른 공기업에 비해 적을지는 몰라도 워라밸과 육아 환경만큼은 우리 회사가 으뜸"이라고 자랑스럽게 이야기할 만큼 변화를 이끌어냈다.

대표적으로 한국조폐공사는 업무의 지장을 주지 않는 범위 내에서 본인의 출퇴근 시간을 스스로 결정하는 탄력근무제, 육아기에 있는 직원 배려를 위한 1자녀 최대 3년간 육아휴직은 물론, 임신기 단축 근로, 태아 검진 휴가, 유급 육아 시간 부여 등 일-가정 양립을 위한 다양한 제도를 운영하고 있다.

거기다 한국조폐공사 근무지는 대전, 대구, 서울의 광역권역에 위치해 원거리 근무가 잦은 전국 단위 대형 공기업에 비해 안정적인 자녀 양육이 가능한 장점도 있다.

이러한 환경과 제도적 지원 덕분에 한국조폐공사 기혼 직원의 89%가 자녀를 두고 있고, 평균 자녀 수가 1.7명에 이를 만큼 출산에 적극적이다. 이는 국내 출산율이 소수점 단위까지 내려간 현실을 감안할 때 국가적으로도 매우 의미 있는 일이지 않은가?

이외에도 한국조폐공사는 출퇴근 시간을 자유롭게 할 수 있는 유연근무제를 운영하고, 직원들에게 각종 교육을 지원하는 등 자기계발을 적극 돕고 있다. 이 정도면 국내 최고의 Work-life balance를 자랑하는 기업이라 불러도 손색이 없을 듯하다.

③ 공기업 평균 근속연수 1위, 앞으로의 과제

직원의 평균 근속연수가 20여 년에 이르고, 취업준비생 선호도 조사에서도 늘 상위권에 있는 한국조폐공사지만 최근 변화의 분위기가 감지되기 시작했다. 예전 같으면 1년에 한 명이 있을까 말까 했던 타 기업으로 이식이 조금씩 승가하고 있는 것이다. 특히 새로운 성장 동력으로 육성 중인 ICT 부문은 이직이 잦은 직종인 탓에 인력 교체가 빈번하다.

이러한 현상은 한국조폐공사 입장에서 볼 때 달갑지만은 않다. 개인이 경력 계발이나 경제적 이익을 따져 더 좋은 직장으로의 이직하는 것을 막을 수는 없지만, 지속적인 인력 유출은 경영에 부담이 되기 때문이다. 하지만 직장의 선택 기준이 비단 급여와 처우에만 있는 것은 아니다. 타 기업 못지않게 성장할 수 있는 잠재력이 있고 더 믿음직한 회사로 자리매김한다면 이직을 하는 회사가 아닌, 이직을 하고 싶은 회사가 될 것이기 때문이다.

특히 최근 MZ 세대들은 전통적인 직업관에서 벗어나 개인의 성장, 일과 삶의 균형을 더 중요시하는 경향을 보이고 있는 만큼, 성장 잠재력이 높은 한국조폐공사에게는 오히려 더 좋은 인재 채용의 기회로 작용할 수도 있다.

이를 위해 한국조폐공사는 오늘도 미래를 위한 초석 다지기에 한창이다. 더 이상 국가 사업으로 독점적 지위를 누리며 안주하는 공기업이 아닌 ICT 기업, 문화 기업으로 발전해 훗날 예외 없이 모두가 정년퇴직할 수 있는 직장으로 남을 수 있는 그 날까지 한국조폐공사의 노력은 계속될 것이다.

④ 고졸 직원 허성령의 '유쾌한 반란'

허성령 사원 약력
- 2018년 한국조폐공사 입사
- 2022년 ICT 사업 분야 사내 공모 선발
- 2023년~ 고려대 전기전자컴퓨터공학(석사 과정 중)

안녕하세요? 한국조폐공사 제지본부에서 보안 관리 담당으로 근무하고 있는 허성령입니다. 고졸로 남들보다 일찍 사회에 나온 저는 한국조폐공사에 입사하기까지 다양한 경험을 하였습니다. 저는 부모님의 이혼으로 네 살 때부터 홀어머니 슬하에서 자라게 되었습니다.

고등학교 3학년 때까지 4개의 기능사 자격증을 따 공공기관 공개 채용에 지원하였지만 준비 부족으로 필기 전형에서 모두 탈락하였습니다.

포기하지 않고 계속 문을 두드려 필기 전형은 통과했으나 자신 있었던 면접에서 탈락하며 또다시 고배를 마셨습니다. 하지만 이 충격이 나 자신의 틀을 깨는 반란의 시작으로 자리 잡게 되었습니다. 스펙이 아닌 스토리로 남들과 차별을 두며 나만의 이야기를 만들어 내기 위해 노력했습니다. 옥외광고업 관련 사단법인에서의 사회 경험과 토지주택공사 등 두 번의 공공기관 체험형 인턴 경험, 정부 지원으로 받은 배전 담당 기술자 양성 직무 교육부터 각종 아르바이트 경험까지 많은 이야기를 남기고자 애썼습니다.

그 과정 속에서도 셀 수 없는 공공기관 필기 전형 낙방, 그리고 2016년 한국조폐공사 고졸 채용을 포함하여 4번의 공공기관 최종 면접 불합격. 하지만 "고생 끝에 낙이 온다"라는 말과 같이 포기하지 않고 다양한 경험을 쌓으며 공공기관 입사를 준비하던 저에게 다시 한번 한국조폐공사 입사의 기회가 찾아왔습니다.

"안녕하십니까! 2016년 한국조폐공사 고졸 채용 최종 면접에서 불합격하고, 다시 도전하여 이 자리까지 오게 된 지원자입니다!"라며 최종 면접장에서 면접관에게 인사를 함과 동시에 2년 전보다 발전된 모습을 보여드리겠다며 지금까지 경험해왔던 것들을 통해 배운 것들을 말씀드렸습니다.

돌아오는 질문에는 솔직하게 답변하며 면접에 임했고, 당당히 한국조폐공사 고졸 채용에 합격할 수 있었습니다.

-후술 생략-

동전 테두리에 톱니 모양을 새긴 뉴턴

우리나라 지폐에는 보통 인물이 한쪽 면에만 들어가 있지만 특이하게
도 영국 파운드화는 양쪽 모두 인물을 담고 있다. 앞면에는 국왕의 초상
을, 뒷면에는 영국을 대표하는 인물*이 들어간다. 이 가운데 1988년까지
발행했던 1파운드 지폐에는 아이작 뉴턴이 들어가 있었다.

누구라도 뉴턴이 화폐에 들어갈 만한 위인이라는 것에 공감할 것이
다. 그는 고전물리학의 체계를 완성했고, 미적분의 발전에 기여한 수학자
이기도 하다.

뉴턴은 사후에 지폐의 주인공이 되었지만, 살아 있을 당시에도 이미
화폐와 깊은 인연이 있었다. 그는 영국 왕립 조폐국의 국장, 지금 우리나
라로 치면 한국조폐공사 사장을 역임했다. 만유인력의 법칙을 서술한 프
린키피아를 발간하고 4년 뒤인 1691년 조폐국 감사로 입사하고, 1696년
에는 조폐국장이 되어 영국 화폐 제조에 깊이 관여했다.

동전 테두리에는 톱니 모양의 선이 있는데 이는 뉴턴이 고안한 것이

---

* 과거에는 대문호 셰익스피어, 과학자 찰스 다윈, 증기기관을 혁신한 제임스 와트 등이었고,
  지금은 정치가 윈스턴 처칠, 작가 제인 오스틴, 수학자 앨런 튜링 등이다.

다. 당시 금화의 가장자리를 긁어내 금가루를 모으는 좀도둑질이 흔했는데 이를 막기 위해 테두리를 넣게 되었다. 긁어내면 표가 나고, 그런 금화를 어느 누구도 받으려고 하지 않으니 자연스럽게 예방이 되는 것이다. 이것이 관행이 되어 현대의 동전에도 톱니 테두리가 들어간다. 또한 위조하기 어려운 합금 주화도 뉴턴의 착상에서 비롯됐다.

그렇다면 이렇게 화폐와 인연이 많은 뉴턴이 돈을 많이 모았을까? 천재 과학자이긴 했지만, 주식 투자에는 젬병이었는지 가진 돈의 대부분을 잃었다고 한다. 그는 남미 지역의 무역 독점권을 가진 회사에 투자했다가 주가 폭락으로 큰 손실을 보았다. 이후 "나는 천체의 움직임은 계산할 수 있지만, 인간의 광기는 도저히 계산할 수 없다"라는 유명한 말을 남겼다고 한다.

Chapter 3
돈이 사라진다?
위기의 한국조폐공사

현금 없는
사회가 온다!

요즘 누가 현금 쓰나요?

사회가 발전하면서 사라지고 있거나 사라질 것들이 많다. 휴대전화가 널리 보급되면서 공중전화와 집 전화가 눈에 띄게 줄어들었고, 어지간한 업무는 휴대전화로 다 해결할 수 있는 세상이 되었다. 식당에서의 주문이나 결제도 키오스크로 하고, 심지어 배달 로봇이 음식을 가져다주기까지 한다. AI가 글도 쓰고 그림도 그리며 작곡까지 할 수 있으니 단순반복적인 업무뿐 아니라 통역사, 변호사, 의사 같은 전문직도 지위가 위태롭다는 얘기가 나올 정도이다.

산업혁명 초기 기계화로 일자리를 잃게 될 것을 우려한 노동자들이 기계를 파괴했던 러다이트 운동Luddite Movement이 있었지만, 현재의 디지털 전환과 결제 수단 변화에 대해서는 과격한 반대는 없다. 하지만 디지털 전환이 가져올 놀라운 편의성 못지않게 사람이 설 자리를 잃지 않을까 우려하는 목소리도 적지 않다.

한국조폐공사 역시 디지털 전환이라는 큰 물결 속에서 비슷한 위기감을 느낀 지 오래되었다. 대부분의 결제가 신용카드, 체크카드, 직불카드로 이루어지고 최근에는 각종 페이로 대표되는 간편 결제 비중이 높아지면서 현금 사용이 급격히 줄어들고 있기 때문이다.

한국은행의 조사에 따르면 우리나라 국민은 결제 수단으로 신용카드를 가장 많이 사용하고, 체크카드와 직불카드가 뒤를 잇고 있으며 현금 선호도는 지속적으로 감소하고 있다. 2017년에 20.3%이던 현금 결제 비중은 2019년에 17.4%, 2021년에는 14.6%까지 떨어졌다.[*]

그나마 현금 사용이 빈번한 경우는 결혼식 축의금, 장례식 조의금이나 설날 세뱃돈 정도인데 이마저도 요즘은 계좌이체로 넘어가는 추세이다. 게다가 한국은행이 2017년부터 추진한 '동전 없는 사회'[**]로의 전환은 일상에서 동전 지갑이나 돼지저금통이 사라지는 결과로 이어졌고, 어쩌다 집에 있는 동전을 교환하려면 자동 교환기가 있는 은행 지점을 수소문해서 가야 하는 세상이 됐다. 현금 대신 디지털화된 숫자 데이터로 입출금하고, 결제를 하니 지갑을 들고 다

---

[*] 「2021년 지급 수단 및 모바일 금융 서비스 이용 행태 조사 결과」, 한국은행 금융결제국, 2022. 5.

[**] 편의점, 마트 등에서 현금 거래 후 남은 잔돈을 선불카드에 적립하는 방식으로 추진.

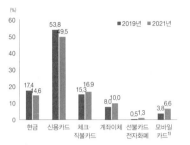

지급수단별 이용비중(금액 기준)

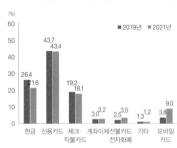

지급수단별 이용비중(건수 기준)

주: 1) 지급카드 정보를 모바일 기기 등에 저장하여 해당 지급카드 발급기관의 플랫폼을 통해 사용할 수 있도록 하는 지급수단

니지 않는 사람도 많아졌다.

현금 사용의 감소는 한국은행의 화폐 발주량에도 영향을 미쳤다. 한국조폐공사는 2007년 한 해 동안 20억 장의 은행권과 5억 7,000만 장의 주화를 한국은행에 공급하였으나 2024년 공급 물량은 은행권이 3억 4,500만 장으로 17% 수준, 주화는 4, 100만 장으로 7% 수준으로 떨어졌다.

이러한 추세는 오래전 예견되었던 것으로 한국조폐공사는 미리 대비해왔다. '조폐공사造幣公社', 화폐를 제조하는 공기업이라는 이름에 걸맞게 창립 초기에는 화폐만 생산했지만 점차 화폐에 적용된 각종 보안 기술, 압인 기술을 활용한 사업으로 영역을 확장해 2020년에 이르러서는 화폐 이외의 제품 매출이 전체의 3/4에 이르게 되었다.

그렇다면 현금 사용이 줄어드는 추세는 비단 우리나라만의 문제

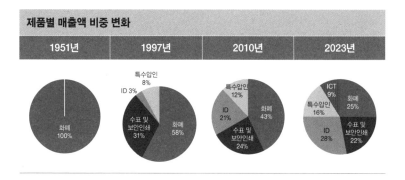

제품별 매출액 비중 변화

| 1951년 | 1997년 | 2010년 | 2023년 |

- 1951년: 화폐 100%
- 1997년: 특수압인 8%, ID 3%, 수표 및 보안인쇄 31%, 화폐 58%
- 2010년: 특수압인 12%, ID 21%, 수표 및 보안인쇄 24%, 화폐 43%
- 2023년: ICT 9%, 화폐 25%, 특수압인 16%, 수표 및 보안인쇄 22%, ID 28%

일까? 아니, 이미 전 세계적인 현상이다.

　2019년 기준으로 나이지리아, 인도, 멕시코, 태국, 일본 등의 현금 결제 비중이 높은 편이고 미국, 영국, 중국, 호주, 노르웨이는 상당히 낮은 편이다. 이 가운데 나이지리아와 인도는 각각 2019년 90% 초

국가별 현금 결제 비중

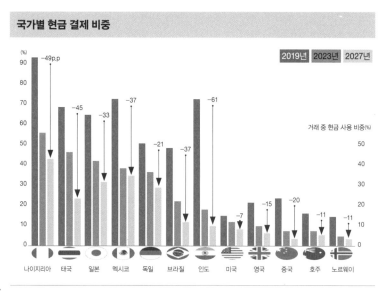

출처: WorldPay, 「글로벌 결제보고서 2024」(www. visualcapitalist.com)

반과 70% 초반에서 2027년에는 40% 초반, 10% 초반까지 내려갈 전망이다. 영국, 중국, 호주, 노르웨이 등은 이미 2023년에 현금 결제 비중이 10% 미만으로 떨어졌고 미국도 곧 이에 합류할 것으로 보인다.

나라마다 정도의 차이가 있긴 하지만 현금 사용의 감소라는 방향성만큼은 우리와 다르지 않다. 이런 상황에서 새로운 길을 찾지 않는다면 공기업으로서의 역할을 다하고 소멸하지 않을까 우려할 수밖에 없는 상황이다.

현금 없는 버스와 동전 없는 편의점

2021년에 서울시가 현금 없는 버스 운행을 시작했고, 이제는 거의 전국 대부분의 버스 이용객은 현금 대신 교통카드를 사용하고 있다. 버스 회사 입장에서는 현금 관리에 드는 비용을 줄일 수 있고 이용객 입장에서는 운임 할인, 무료 환승의 혜택까지 볼 수 있으니 교통카드 이용이 대세인 듯하다.

한국조폐공사가 있는 대전광역시의 경우만 보더라도 버스 이용 시 현금을 내는 비율은 2020년 2.2%, 2021년 1.8%, 2022년 1.5%로 계속 감소했고* 그해 하반기부터는 교통카드로만 결제하도록 하고

---

* 대전광역시 서구청 블로그(https://naver.blog.com/first_seogu/222805953941)

있다.

편의점에서의 현금 결제 비율도 눈에 띄게 줄어들었는데 CU의 경우 카드 결제가 80.9%인데 반해 현금 결제는 14.3%에 불과하고, 나머지 4.8%는 포인트나 기프티콘이 차지하고 있다. 2016년 43.3% 였던 현금 결제 비율이 몇 년 사이에 확연히 감소했다.[*]

이러한 경향은 신용카드 사용의 증가와 각종 페이 등 간편결제 서비스의 확산을 주요 원인으로 꼽을 수 있으며, 코로나 대유행을 겪으며 화폐를 통한 전염 가능성이 대두되면서 현금 사용을 기피하는 현상이 나타난 것도 한몫했다고 볼 수 있다.

현금 없는 사회로의 전환에 첨단을 달리는 스웨덴의 경우 2014년 기준 1,629개의 상업 은행 지점 중 현금을 취급하는 곳은 733곳에 불과했고, 중앙은행인 릭스뱅크의 조사에 따르면 국민 중 현금 결제를 거부당한 비율이 2014년 27%에서 2018년 45%까지 증가한 것으로 확인되었다.[**]

그렇다면 과연 현금은 이대로 종말을 고할까? 「한국은행법」 제48조는 "한국은행이 발행한 한국은행권은 법화法貨로서 모든 거래에 무제한 통용된다"라고 규정하고 있는데 이 말은 곧 신용카드, 간편결제, 현금 등 다양한 결제 방법 가운데 소비자가 현금 결제를 원할 경우 이를 배제할 수 없다는 뜻이다. 이를 '현금 사용 선택권'이라 하는데 최근 한국은행은 이를 보장하기 위해 홍보하고 있다.

---

[*] 「사라지는 현금… 편의점서 80%는 카드로 결제」, 〈한국경제〉, 2024. 2. 4.
[**] 「현금 사라지는 스웨덴… 고령층 불만 고조」, 〈내일신문〉, 2020. 1. 6.

왜냐하면 디지털 소외계층이나 신용카드 발급이 불가능한 연령대의 국민도 경제 활동을 할 수 있도록 해주어야 하기 때문이다. 따라서 현금 사용은 줄어들더라도 사라지기는 힘들 것이다.

또 다른 위기
CBDC

134개 나라에서 CBDC를 연구한다고?

우리나라를 포함한 많은 나라가 CBDCCentral Bank Digital Currency를 연구하고 있다. CBDC가 도입되면 실물화폐 사용량은 더욱 줄어들게 되어 한국조폐공사에는 큰 위협이다. CBDC는 각국 중앙은행들이 발행하는 디지털 화폐로 지폐나 동전과 같은 물리적 형태가 아닌 전자적 저장 수단이다.

CBDC는 중앙은행이 발행하고 보증하기 때문에 지폐와 동전처럼 법정 화폐로 인정받아 모든 상점, 기업, 개인이 이를 받아들여야 한다. 현금처럼 사용이 가능하고, 디지털 형태로 존재하므로 국내외 결제를 더 빠르고 저렴하게 처리할 수 있어 효율성이 높다. 스마트폰만 있으면 누구나 쉽게 접근할 수 있고, 모든 거래 기록이 디지털로 남아 자금 세탁이나 불법 활동을 추적하기가 용이할 뿐만 아니라 거래의 투명성이 보장된다.

그러나 장점만 있는 것은 아니다. CBDC의 단점으로는 먼저 프라이버시 침해 우려가 있다. 모든 거래가 중앙은행에 의해 기록되고 추적될 수 있어 개인의 금융 활동이 과도하게 통제될 가능성이 제기된다. 또한, CBDC는 디지털 시스템에 의존하기 때문에 사이버 공격이나 시스템 오류에 취약할 수 있다. 이로 인해 금융 시스템의 안정성이 위협받을 수 있다. 시중은행의 역할 변화 역시 문제로, 사람들이 중앙은행에 직접 예치금을 보유하게 되면 시중은행의 역할이 축소되고 전통적인 금융 서비스 제공에 영향을 미칠 수 있다. 마지막으로, 디지털 격차 문제로 인해 인터넷 접근이 어려운 고령층이나 저소득층이 금융 서비스 이용에서 소외될 가능성이 있다.

현재 전 세계 134개 나라에서 CBDC를 도입하기 위한 연구를 진행하고 있지만 실제 도입한 국가는 많지 않다. 국제결제은행BIS에 따르면 바하마, 나이지리아, 자메이카 등 극히 일부 국가만이 도입하고 있다.

이 가운데 바하마는 2020년 선진 금융 시스템 도입을 통해 외자를 유치하고자 CBDC를 도입했지만 모바일 인터넷 인프라가 부족하고 국민이 현금, 신용카드, 기타 결제 수단을 더 선호해 2024년 기준 전체 현금 사용량의 0.5%에 그치고 있다.

나이지리아의 경우에도 낮은 인터넷 보급률, 잦은 정전 등 인프라가 취약하고 결제 시스템이 불안정해 제대로 정착되지 못하고 오히려 최근에는 지폐 발행을 확대하기도 하였다.

중국은 무역에서 달러 의존도를 줄이고, 디지털 위안화를 통해 자국 화폐의 국제적 영향력을 강화하려는 목적으로 CBDC를 시범 운영하고 있다. 하지만 알리페이와 위챗페이 같은 민간 결제 시스템과의 경쟁이 치열하고, 정부 통제에 대한 불안감으로 사용률이 저조한 실정이다.

일본도 2023년부터 모의 실험을 통해 CBDC 연구가 어느 정도 진전을 이루었지만 아이러니하게도 2024년 7월, 3종의 새로운 지폐를 발행하기도 하였다.

미국은 프라이버시 침해와 기존 금융 시스템의 안정성 문제로 CBDC 도입에 대한 반발이 강하며, 정치적 논쟁이 지속되고 있다.

3단계에 걸친 모의 실험 진행 중

우리나라는 한국은행이 2020년부터 현재까지 3단계에 걸친 모의 실험을 진행하고 있다. 1단계 실험에서는 디지털 화폐의 발행, 시중은행을 통한 유통, 그리고 일반 사용자에게 공급하는 과정을 실험했다.

2단계 실험에서는 인터넷이 없는 환경에서도 사용 가능한 오프라인 결제 기능, 개인 정보 보호 강화를 위한 실험, 그리고 특정 조건에서 자동으로 거래가 실행되는 스마트 계약 기능 테스트 등이 포함되었다.

3단계 실험은 실제 금융 네트워크와 연계하여 CBDC의 실생활 적용 가능성을 검증하는 것을 목표로 하고 있고, 빠르면 2025년 상반기에 10만 명 정도가 참여하는 테스트가 이루어질 것이다. 시중은행과 다른 금융기관과의 상호작용 실험, 국제 송금, 그리고 결제 인프라와의 연결성 테스트를 통해 CBDC의 활용성을 다각도로 평가할 계획이다.

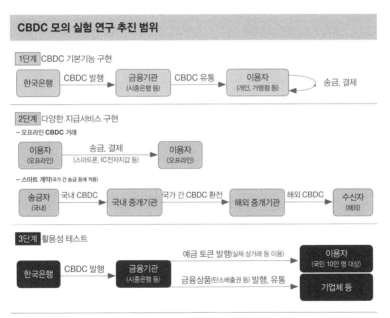

CBDC 모의 실험 연구 추진 범위

출처: 한국은행 자료를 참고하여, 이해하기 쉽게 구성한 자료임.

PART 2

사업 다각화로
위기를 돌파하라

Chapter 4

화폐의 기술이
다른 영역으로 확장

한국조폐공사의 생존 전략을 찾아라

그 이름에서 알 수 있듯이 화폐 제조는 한국조폐공사에 있어 가장 큰 소명이다. 하지만 2009년에 오만 원권이 나오면서 만 원권, 오천 원권 등의 수요가 눈에 띄게 줄어들더니 수표 사용량까지 함께 급락했다. 새 화폐가 발행되면서 일시적으로 사업량이 늘긴 했지만, 결국엔 만 원권 다섯 장 만들던 일이 오만 원권 한 장으로 줄어들게 된 것이다. 거기다 수표 가운데 사용량이 제일 많던 10만 원권 자기앞수표도 자연스레 자취를 감춰갔다.

여기에 더해 신용카드 사용이 늘고, 모바일 결제 방법이 다양해지면서 사람들은 더 이상 지갑에 현금을 넣고 다니지 않게 되었다. 이러다 보니 한때 주력 사업이었던 화폐 부문 매출이 걱정스러울 만큼 감소했고, 사회 전반에 걸친 디지털화는 우표, 인지 등의 수요도 동반 감소하는 결과로 이어졌다.

이러한 환경의 변화 속에서 어떻게 살아남을 수 있을까 하는 물음은 진작부터 중요한 의제가 되었다. 내리막의 초입에서 새로운 미래 먹거리와 새로운 성장 기회를 탐색하는 것이 무엇보다 시급했기에 2012년 초 '미래전략실'을 출범시켰다.

완전히 새로운 시각에서 접근하기 위해 핵심 인력을 외부 공모로 채용하고, 내부 직원과 함께 새로운 앞날을 설계하도록 했다. 먼저 우리보다 앞서 조폐 시장을 움직여온 독일의 G&D現 G+D, 네덜란드의 Gemalto現 Thales DIS 등 선진 조폐 기업들을 연구했다. G&D는 화폐 인쇄에서 스마트카드, 신분증 시스템, 전자결제 등으로 사업 영역을 확장하고 있었고 Gemalto는 모바일 솔루션, M2MMachine-to-Machine* 등 관련 선도 기업을 인수해 변화에 잰걸음을 떼고 있었다.

다음으로 각종 리서치, 연구 보고서 등을 통해 사회·경제·산업 전 분야에 걸친 트렌드를 분석하고, 한국조폐공사의 위변조 방지 기술과 특수 압인 기술을 바탕으로 변화하는 세상에서 어떤 역할을 담당할 수 있을지 깊이 고민하였다.

인터뷰 미래 사업 발굴을 위한 고민

윤인철 부장(당시 실무 담당 과장)

한국조폐공사의 새로운 미래 먹거리를 찾기란 쉽지 않았다. ①

---

* 사물인터넷(IoT)의 원조 격으로 기계와 기계 간의 통신을 기초로 한 솔루션.

「한국조폐공사법」에서 규정한 사업 범위를 벗어나지 않아야 하고, ② 한국조폐공사의 위변조 방지·특수 압인 기술을 접목할 수 있어야 하며, ③ 공익을 추구하면서도 수익을 확보해야 한다는 세 가지의 난제를 모두 풀어내어야 했다.

그리고 최대 1,000만 원의 포상금을 걸고 미래 사업 아이디어를 공모하고, 창의적이고 유연한 사고를 가진 직원들로 구성된 '비즈플래너Biz Planner'가 아이디어를 검증하고 토론하였다. 이를 통해 보안 모듈, 브랜드 보호 아이디어가 사업화되는 성과를 이루었다.

하지만 고심 끝에 사업화한 아이디어도 기존의 제조업 관점에서 크게 벗어나지 못한 한계가 있었다. 그래서 글로벌 전략 컨설팅 회

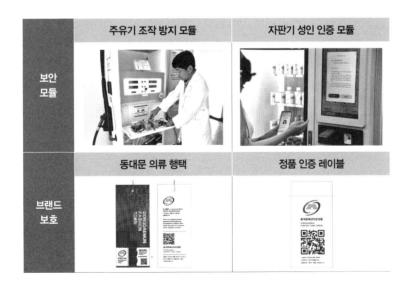

사의 자문을 받아 주력 사업과 IT 기술을 융합한 신뢰 서비스 관리자TSM, 스마트 바우처 등 디지털 서비스를 추진하는 쪽으로 가닥을 잡았다. 이 과정에서 한국조폐공사 내 제조 부문과의 갈등도 있었고, 무엇보다 시장 여건이 성숙하지 않아 본격적인 사업화는 이루어지지 못했다.

TSM 사업은 한국조폐공사가 이동통신사와 카드사 사이에서 모바일 카드의 안전한 발급·관리 대행 등을 수행함으로써 모바일 지불 매체에 안전성과 편리성을 부여하고자 하는 사업이었다. 당시 이동통신사는 긍정적인 반응을 보였으나 신용카드사의 강한 반대로 결국 사업은 좌초하고 말았다.

그러나 이 사업은 나중에 블록체인 기술*을 활용한 '지역사랑 상품권 플랫폼chak'이 탄생하는 밑거름이 되었다. 한때 실패한 사업으로 분류되었으나 개발 과정에 쌓인 기술은 그대로 남아 제조업에서 디지털 서비스 사업으로 영역을 확장할 수 있는 마중물 역할을 한 것이다.

한국조폐공사는 디지털 전환을 본격적으로 추진하기 위해 2021년에 ICT 이사 직위를 신설하고, 산하에 서비스 개발 조직과 운영 조직을 두었다. 이때부터 모바일 상품권 중심의 지급 결제 사업, 모바일 신분증 중심의 신원 인증 사업, IoT 보안 모듈 등 ICT 신사업이 궤도에 오르기 시작했다.

---

* 누구나 열람할 수 있는 장부에 거래 내역을 투명하게 기록하고, 여러 대의 컴퓨터에 이를 복제하여 저장하는 분산형 데이터 저장 기술.

공기업으로서 국민이 더욱 안전하고 편리한 서비스를 누릴 수 있도록 다양한 개선 활동을 추진하였다. 또한, 전통적인 가치와 역할을 훼손하지 않으면서도 급변하는 디지털 시대에 걸맞은 혁신을 도입하였고, 특별히 블록체인, 디지털 인증 등 최신 기술을 접목하고, 사용자 경험을 개선하는 서비스 플랫폼을 개발하는 데 직원들과 함께 노력을 기울였다.

　한국조폐공사의 미래 찾기가 제조 기업에서 플랫폼 기업으로의 진화에 방점을 찍기는 했으나 그렇다고 전통 사업을 수성하기 위한 노력도 게을리하지 않았다.
　그간 해외 각국에 화폐와 은행권 용지를 수출해왔으나 수익성이 좋지 못해 국정감사 때마다 질타를 받곤 했었는데 머나먼 우즈베키스탄에서 돌파구가 마련되었다. 2010년에 은행권용 면 펄프를 생산하기 위해 설립된 GKDGlobal Komsco Daewoo가 큰 역할을 해주었다. GKD에서 생산한 면 펄프의 일부는 한국조폐공사에서 사용하고, 나머지 물량은 국내외의 조폐 기관, 화학 기업에 수출하면서 경영에 큰 도움이 되고 있다. 면 펄프는 화폐 제조뿐만 아니라 시멘트, 페인트 등의 중간재로, 의약 캡슐이나 식품 첨가제 등 다양한 곳에 쓰이

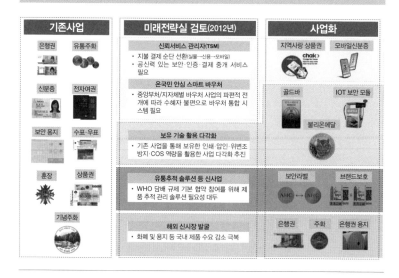

기 때문에 앞으로도 좋은 성과가 기대된다.

이처럼 한국조폐공사는 화폐 수요 감소에 기민하게 대처해왔고, 현재는 전체 매출액 가운데 비화폐 부문이 75% 정도를 차지할 만큼 사업 다각화에 성공했다.

그럼 지금부터 사업 다각화와 제품 수요 확대를 위한 한국조폐공사의 노력, 시련과 한계에 관해 이야기해보려 한다.

화폐의 첨단 보안 요소가
상품권 속으로

국내 상품권은 발행된 지 100여 년이 지나면서 대표적인 선물로 인식되고 있다. 상품권은 주는 사람이 상품을 고르는 대신 이를 받는 사람이 원하는 상품이나 서비스를 선택할 수 있도록 해주기 때문에 선물 선택의 부담을 덜어주는 효과가 있다.

상품권 발행 기업 입장에서는 소비자가 미리 결제하게 함으로써 매출을 미리 확보하거나 상품권 사용 과정에서 추가 매출 증대도 기대할 수 있다.

1971년 신세계, 미도파 등 8개 업체는 금액이 표시된 상품권을 본격적으로 발행했다. 당시 한국조폐공사는 이미 화폐 제조 기술을 확보하고 있어 상품권 제조 또한 가능했음에도 상품권 시장에서는 후발주자였다. 한국조폐공사가 화폐와 수표 공급에 집중하던 사이 해외 보안 인쇄 업체는 국내 상품권 시장에 진입했고, 대부분의 유통사들은 상품권을 수입하기에 이르렀다.

이후 한국조폐공사는 1994년에 농협, 미도파 등 11개 업체에 대한 상품권 공급을 시작으로 시장 확대를 추진하였으나 상품권 발행량이 많은 대형 유통사의 경우 해외에서 수입하던 기존 방식을 쉽게 바꾸지 않는 상황이었다.

그러던 중 2005년 국정감사에서 국회는 한국조폐공사가 상품권 시장에서 역할을 제대로 하지 못한다고 지적하면서 '수입 상품권 국산 대체를 통한 외화 절감'을 요구하였다. 이에 투명한 상품권 제조관리와 수준 높은 보안성, 품질을 앞세워 상품권 국산화를 위해 끊임없이 노력했음에도 현실의 벽은 높기만 했다.

"이건 자존심 문제입니다. 반드시 수주합시다." 당시 한국조폐공사 임원진은 수년째 제자리인 대형 유통사 상품권 수주 상황을 지켜보면서 직원들을 독려하였다.

이후 기술 개발 등 사업 준비를 시작한 지 3년 만인 2011년에 대형 유통사가 요구하는 조건을 모두 만족시켰고, 현재까지도 사업자 변경 없이 상품권을 계속 공급하고 있다.

이 대목에서 상품권은 화폐와 달리 한 번 사용하면 다시 쓸 수 없는데 굳이 위변조 방지 요소를 적용해야 하는가에 대한 의문이 들기 마련이다.

상품권은 화폐와 비교했을 때 용도와 결제 구조가 다르다. 그런데 더 큰 차이점은 높은 액면가이다. 화폐는 오만 원권이 가장 고액이나 상품권의 경우 기업에 따라 50만 원까지도 발행하고 있다. 그렇기 때문에 상품권에 보안성을 갖추어 지급 결제 도구로서의 신뢰를 확보할 필요가 있다.

결국 상품권 발행 기업에서 요구하는 감성적 디자인에 보안 요소를 적절히 배치하는 것이 한국조폐공사의 기술이다. 이미 1994년부터 30년 넘게 정부, 기업, 지자체 등에서 사용하는 200종 이상의 상품권을 제조하면서 한국조폐공사는 상품성과 보안성을 두루 갖춘 제품을 시중에 공급하고 있다.

한국조폐공사 연도별 상품권 공급량

연도	1995	2000	2005	2010	2015	2020	2023
수량 (백만 장)	6	21	44	143	239	907	436

화폐의 첨단 보안 요소는 위조가 어렵고 일반인들이 별다른 도구 없이 눈으로 쉽게 확인할 수 있는 특징이 있다. 상품권에 적용하는 보안 요소도 마찬가지이다. 대표적으로 숨은 그림, 요판 인쇄, 은선, 홀로그램 등이 있다. 숨은 그림은 상품권 종이를 밝은 빛에 비춰 보면 확인할 수 있고, 요판 인쇄는 손으로 만졌을 때 오톨도톨한 느낌이 나는 게 특징이다. 은선은 종이를 만들 때 삽입하는 보안 장치이며 홀로그램은 인쇄 후 붙이는데, 두 가지 모두 모방하기 어려운 장점이 있다.

기술 발전과 생활 패턴 변화에 따라 상품권 보안 요소를 보강하는 경우도 있다. 온누리상품권은 소상공인이나 전통시장에서 주로

상품권에 적용된 화폐 수준의 첨단 보안 요소		
숨은 그림	요판 인쇄	은선, 홀로그램
종이를 밝은 곳에서 보면 선명하게 나타남	선과 점으로 이미지를 구현하며, 오톨도톨한 촉감이 특징	빛의 각도에 따라 다른 문양이 나타나며, 위조가 어려운 것이 특징

사용하기 때문에 위변조에 취약할 수 있다. 그래서 온누리상품권에는 복사를 방해하고, 복사를 하더라도 사용자가 위조임을 쉽게 알아볼 수 있는 보안 요소를 집중 배치하였다.

한국조폐공사가 개발한 '스마트씨Smartsee'를 활용하면 누구나 스마트폰 애플리케이션(수무늬)을 활용해서 온누리상품권 위변조 여부를 손쉽게 확인할 수 있다. 그리고 가장 일반적인 위조 기술인 컬러복사기를 활용한 복사를 방해하기 위해 특수한 패턴을 숨겨놓았다.

생활 패턴이 변하면서 상품권 사용 방법도 진화하고 있다. 기존 오프라인 방식뿐만 아니라 온라인에서도 사용이 가능한 스크래치 상품권이 수많은 고민과 시행착오 끝에 2015년 출시된 바 있다.

상품권은 화폐의 첨단 보안 요소를 가지면서도 과학의 발전과 생활 패턴의 변화를 반영한다. 2024년 현재는 무인 단말기를 통해서도 상품권을 거래한다. 무인 단말기를 통한 상품권 거래가 활발해지면서 무인 단말기에서 안정적으로 인식 가능한 상품권이 필요해졌다. 모바일 상품권이 활성화되기 이전에는 마트 등에서 전문 캐셔

온누리상품권에 적용된 복사 방해 장치	
스마트씨	복사 방해 패턴
스마트폰 앱으로 보면 숨겨진 무늬(왼쪽)가 나타남	복사를 하면 숨겨진 무늬(왼쪽)가 나타남

가 바코드 리더기를 이용하여 상품권을 처리하였다. 이때 혹시라도 상품권 바코드가 인식되지 않으면 전문 캐셔가 상품권 일련번호를 직접 입력하는 방식으로 임기응변이 가능했다. 그렇지만 최근 일부 대형 유통사에서는 무인 단말기를 통해 지류 상품권을 판매하거나 모바일 상품권 또는 각종 제휴업체 포인트를 지류 상품권으로 교환해주고 있다. 이에 공사는 무인 단말기에서 상품권이 정확히 인식되도록 바코드를 더욱 선명하고 균일하게 인쇄하고, 인쇄 위치에 대한 오차범위 또한 최소화해서 품질을 개선하였다. 만일 무인 단말기에서 상품권을 제대로 인식하지 못한다면 그 즉시 고객에게 불편을 초래하기 때문이다. 무심코 사용하는 상품권이지만 시대의 흐름을 담고 있는 것이다.

여기에도
위변조 방지 기술이?

　일상에서 인식하지는 못하지만, 우리는 다양한 위변조 방지 기술이 적용된 서류들을 접하고 있다. 한국조폐공사는 화폐, 상품권, 신분증 외에도 국민 생활 속에서 널리 사용되는 보안 인쇄 제품을 공급하고 있다. 대표적인 예로 인감증명서와 시험 성적서가 있는데 이는 개인의 신뢰성과 사회의 안전을 책임지는 중요한 문서이다.

인감증명서와 시험 성적서 보안 인쇄 기술

　인감증명서는 문서에 날인된 도장과 관공서에 등록된 도장이 동일하다는 것을 증명해주는 서류로 부동산 매매나 금융 대출 등 고액 거래 시 주로 필요하다. 계약 시 인감도장을 찍으면 자신이 서명한 것과 동일한 효력이 발생하므로 인감증명서를 위조하면 화폐나 상품권 위조 이상의 피해가 생길 수 있다.

실제로 2014년에는 법인 인감증명서와 세무 관련 서류를 위조해 1조 8,000억 원 규모의 대출 사기를 시도한 일이 있었다. 또한, 위조 문서 전문 제작자까지 생겨나고 공개적인 영업 활동을 하기에 이르렀다.

개인이나 법인의 인감을 변조하는 사례가 많기 때문에 한국조폐 공사는 인감증명서에 복사를 방해하는 특수한 패턴을 삽입하고 특히 인감도장을 인쇄하는 위치에 보안 요소를 집중 배치했다.

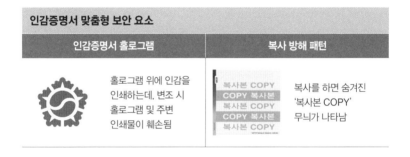

인감증명서 맞춤형 보안 요소	
인감증명서 홀로그램	복사 방해 패턴
홀로그램 위에 인감을 인쇄하는데, 변조 시 홀로그램 및 주변 인쇄물이 훼손됨	복사를 하면 숨겨진 '복사본 COPY' 무늬가 나타남

"국내 원전原電에서 지금까지 69개 품목 355건의 시험 성적서가 위조된 것으로 나타났습니다." 2013년 뉴스 기사다. 원전 부품 시험 성적서 위조가 드러나면서 원자력안전위원회는 국내 원전 8기에 대해 시험 성적서 위조 여부를 점검하였다. 이후 65개 품목, 351건의 부품을 교체하기에 이르렀다.

2024년 현재 한국인정기구KOLAS에는 802개의 시험 기관이 인정되어 있다. 공인된 전문 기관은 건설, 의료, 생활 등 생활 전반에 걸쳐 각종 시험 결과를 증명해준다. 특히 원자력, 건설 등과 같이 고위험 분야에서는 장비와 부품의 안정성이 최우선이다. 시험 성적서를 위조하는 경우 성능 기준을 충족하는지 알 수 없게 된다. 최악의 경우 대형 사고로 인해 인명피해까지 발생할 수도 있다.

이에 한국조폐공사는 시험 성적서 위변조를 예방하기 위해 기술 개발에 착수했고, 2023년에는 38종, 840만 장의 시험 성적서를 시중에 공급하였다. 한국조폐공사가 공급하는 시험 성적서에는 복사를 방해하도록 복사 방해 패턴이 적용되어 있다. 그리고 홀로그램이나 미세 문자, 특수 패턴 등을 적용하여 위조 여부를 쉽게 확인할 수 있도록 하고 있다.

한국조폐공사가 각종 보안 용지와 특수 인쇄물을 공급하는 데는 이유가 있다. 중요 문서의 진위 여부를 확인할 수 있도록 해 신뢰성

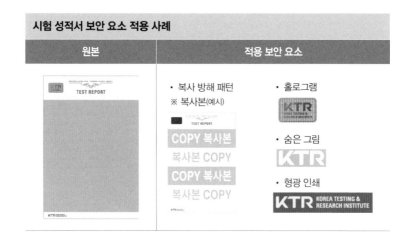

시험 성적서 보안 요소 적용 사례

원본	적용 보안 요소

을 보장한다. 중요 정보가 담긴 문서가 위조된다면 각종 사기에 악용될 수 있다. 병원에서 발행하는 처방전도 마찬가지이다. 처방전은 환자의 건강 상태 유지와 치료에 필요한데 이를 위조한다면 약물 오남용이나 보험 사기에도 활용될 수 있다.

이 외에도 위조는 어느 곳에서나 발생할 수 있다. 소액이지만 우표를 위조해서 대량으로 유통하거나, 은행 서류를 위조하는 경우도 있다. 그리고 기밀이 요구되는 군부대 인쇄물은 위조와 복제에서 안전해야 한다.

공사는 일상생활에 신뢰할 수 있는 서류를 공급하면서도 눈에 보이는 것 이상의 가치 또한 제공한다. 이러한 중요한 서류에 위변조 방지 기술을 적용하는 것은 우리의 일상생활에 안전을 제공하는 일이다. 이를 통해 사회의 안전과 개인의 권리가 보장되며, 공정하고 신뢰 가능한 사회 환경이 유지된다.

한국조폐공사에만 있는 기계? 요판 인쇄!

오만 원권에는 22가지의 위변조 방지 기술이 적용되어 있는데 그중 가장 대표적인 것은 요판凹版 인쇄이다. 요판 인쇄는 찍어내고자 하는 부분을 오목하게 파낸 다음 그 부분에 잉크를 넣어 인쇄하는 기법이다. 이렇게 하면 잉크가 볼록하게 도드라져 인쇄되고, 손으로 만져보면 오톨도톨한 질감을 느낄 수 있다. 일반적인 인쇄 방식으로

는 구현이 불가능하기 때문에 수십 년 이상 지폐의 보안 요소로 활용되고 있다. 우리나라에서는 유일하게 한국조폐공사에만 요판 인쇄가 가능한 기계가 있다.

현재 유통되는 오만 원권 앞면에는 신사임당의 얼굴, 문자와 숫자 등에 요판 인쇄 기법이 적용돼있다.

특히 동그라미 부분에는 특수 요판 인쇄 기법을 적용해 숫자 '5'를 숨겨두었는데 눈으로 얼핏 보면 보이지 않지만, 비스듬히 눕혀서 보면 숫자가 드러난다.

이외에도 왼쪽과 오른쪽 가장자리에는 가로줄 다섯 개가 각각 있는데 시각장애인이 촉감으로 액면을 구분할 수 있도록 한 장치이다.

요판 인쇄기는 한국조폐공사만 보유하고 있기 때문에 보통의 인쇄기로 위조지폐를 만드는 것은 불가능하다.

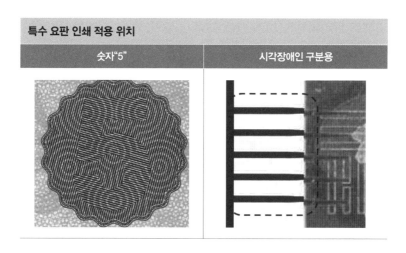

특수 요판 인쇄 적용 위치	
숫자 "5"	시각장애인 구분용

불법 담배 잡는 유통 추적 관리

최근 통계에 따르면 2019년 기준으로 우리나라의 흡연에 따른 사망자는 하루 평균 159명, 연간 약 6만여 명에 이른다고 한다. 또한, 2022년 질병관리청 자료를 살펴보면 전 세계에서 매년 약 800만 명 이상이 흡연으로 인해 사망하는 것으로 나타나 흡연의 위험성은 잘 알려져 있다.

그런데 합법적으로 유통되는 담배의 해로움도 크지만, 불법적으로 유통되는 담배의 해악은 비교할 수 없을 정도로 더 크다. 이러한 불법 담배는 개인과 국가 그리고 기업 측면에서 볼 때 크게 세 가지 문제가 있다.

첫째, 건강을 해친다는 것이다. 품질 관리가 되지 않아 유해 물질이 포함될 가능성이 크고, 저급 재료를 사용하거나 독성물질을 첨가해도 밝혀내기 쉽지 않다는 것이다. 둘째, 국가의 세수 감소이다. 전 세계적으로 각국은 흡연을 줄이기 위해 담배에 높은 세금을 부과하고 있는데, 불법 담배는 이를 회피하기 때문이다. 특히, 정부가 세수 부족으로 어려움을 겪고 있는 상황에서 이런 탈루 세금이 있다는 것은 국가적으로 굉장히 큰 손실이다. 셋째, 기업의 매출 감소이다. 담배 제조 기업은 세금을 정상 납부하면서 경영하고 있는데, 불법 담배 유통으로 인한 매출 감소는 기업의 지속 발전을 저해한다.

이러한 불법 담배의 근절을 위해 2012년 11월 WHO 담배규제기본협약FCTC: Framework Convention on Tobacco Control 서울총회에서는 142개국 당사국 모두가 담배 제품 불법 거래 근절 의정서에 서명하였다. 이에 따르면 의정서 비준 후 5년 내에 모든 담뱃갑 포장에 납세 필증(디지털 보안 필증)을 부착하도록 되어 있고, 납세 필증은 담배 업계가 아닌 다른 독립 기관에서 제조하도록 되어 있다. 한국조폐공사는 불법 담배 유통을 막기 위해 납세 필증을 포함한 유통 추적 관

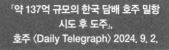

「2,150팩 밀수된 한국 담배 베트남 세관 압수」, 베트남 〈세관 뉴스〉, 2022. 4. 3.

「약 137억 규모의 한국 담배 호주 밀항 시도 후 도주」, 호주 〈Daily Telegraph〉 2024. 9. 2.

리 시스템 도입을 정부에 지속적으로 제안해왔으나, 아직 의정서를 비준하지 않았다. 밀수 담배 등 불법 담배 거래를 근절하고 세금 탈루를 방지하는 공사의 시스템에는 각각의 담배 제품에 부착된 보안 납세 필증을 적용해 담배의 유통 과정을 실시간으로 추적할 수 있어 불법 담배의 유통을 원천 차단할 수 있다. 그리고 보안 납세 필증은 장당 가격이 10원 내외로 예상되어 제조사의 부담도 크지 않을 것이다.

K-브랜드는
우리가 지킨다

최근 화장품, 농산품, 의류 등 다양한 K-브랜드 상품이 우수한 품질과 독창성으로 글로벌 시장에서 트렌드를 주도하고 있다. 그 인기는 아시아를 넘어 북미, 유럽 등 전 세계 시장에서 커가고 있다. 이런 추세에 따라 K-브랜드의 글로벌 위상은 갈수록 높아지고 있다. 하지만 위세를 떨칠수록 부작용도 크다. 규모가 커지면서 K-브랜드를 모방한 짝퉁들이 인기에 편승하여 활발히 유통되면서 소비자 피해가 증가하고 있다. 또한, 이러한 짝퉁 상품의 증가는 기업의 브랜드 가치를 떨어뜨리고, 매출액 감소로 인한 경제적 손실을 발생시킨다.

이러한 피해를 줄이기 위해 한국조폐공사는 화장품, 농산품, 의류 등 다양한 수출 제품 라벨과 패키지에 첨단 보안 기술을 적용하였다. 소비자가 쉽게 제품의 정품 여부를 육안으로 확인할 수 있도록 색상 또는 이미지가 변하는 기술부터 스마트폰으로 정품을 확인하는 기술, 별도의 감응 기기로 특수 물질을 확인하는 보안 기술 등이다.

짝퉁 위변조 기술이 고도화됨에 따라 브랜드 보호 기술 역시 핵심 기술로 자리 잡고 있다.

한국조폐공사 보안 기술이 적용된 사례를 살펴보면, 수출 농산품 중 배가 중국산에서 한국산으로 둔갑하는 것을 예방하기 위해서 보는 각도에 따라 '정품' 문자가 나타났다 사라지는 기술이 적용된 보안 라벨을 부착하였다.

또한, 국내 온라인 패션 플랫폼인 솔드아웃은 브랜드 보호를 위해 한국조폐공사 위변조 방지 기술이 적용된 보증서, 검수 꼬리표 등을 상품에 부착하여 신뢰성을 높였다. 그리고 국내 유명 화장품 C社의 라벨과 패키지에도 보안 기술이 적용되어 있어 스마트폰에 한국조폐공사 수무늬 앱을 설치하면 정품 여부를 손쉽게 확인할 수 있다.

| 한국산 수출 배 보안 라벨 | A사 수출 화장품 보안 라벨 |

어구 보증금 표식 및 활용(부착) 사례

3,000원

2,000원

1,000원

❶ 부착위치 확인 　❷ 표식 부착

❸ 표식 고정 　❹ 표식 꼬리 절단

강원랜드 카지노 칩스 디자인	주요 적용 보안 요소

5,000 오천 원권

10,000 만 원권

광결정 필름

100,000 십만 원권

1,000,000 백만 원권

형광 다중화

공공부문에서 한국조폐공사 보안 기술이 적용된 대표적인 사례로 한국수산자원공단에 공급하고 있는 어구 보증금 표식이 있다.

이는 통발 등 어구漁具가 무단으로 버려져 해양 오염이 발생하는 것을 막기 위해 구입할 때 보증금을 냈다가 반납할 때 돌려주는 어구 보증금 제도가 시행된 데 따른 것이다. 위변조가 불가능한 기기감응 특수 물질을 플라스틱 성형할 때 넣어서 케이블타이 형태로 만들었다.

이뿐 아니라 공공기관에 카지노 칩도 공급하고 있는데 보는 각도에 따라 색상이 변하거나 형광색을 띠는 잉크, 특정 기기에만 반응하는 감응 물질을 넣어 화폐에 버금가는 보안 기술을 적용하였다.

이러한 브랜드 보호 제품은 70여 년에 걸쳐 축적된 화폐 보안 기술이 적용된 것으로 국민의 재산권 보호와 더불어 짝퉁 없는 신뢰 사회 구축에도 이바지하고 있다.

100억 원대 수표 위조 발생!

영화에나 나올 법한 100억 원대 수표 변조 사건이 발생했다. 2013년 여름 주요 언론 매체는 100억 원짜리 가짜수표로 대담하게 시중은행까지 속인 희대의 사건을 집중 조명했고, 경찰은 사건 총책을 대대적으로 공개 수배하기에 이르렀다.

그런데 세간의 이목이 집중된 사건에서 불행하게도 당시 한국조폐공사의 주력 제품인 자기앞수표가 중심에 등장하여 썩 달갑지만은 않은 상황이었다.

당시 사건 총책은 미리 확보한 비정액 자기앞수표의 발행번호를 긁어낸 다음 다른 발행번호와 100억 원이라는 액면 금액을 덧인쇄하는 방식으로 수표를 변조하였다. 이후 변조된 수표를 들고 시중은행으로 찾아가 2개의 페이퍼컴퍼니에 분산 이체하는 방식으로 사기 행각을 완성했다.

한국조폐공사에서 수표 보안성 강화를 추진하는 가운데 금융감독원과 전국은행연합회가 참여하는 '은행권 금융 사고 예방 대책 TF'가 구성되었다. 한국조폐공사 또한 TF에 참여하면서 수표 위변조 방지 요소 보강 대상을 사고가 발생한 비정액 자기앞수표에 한정하지 않고 보안성이

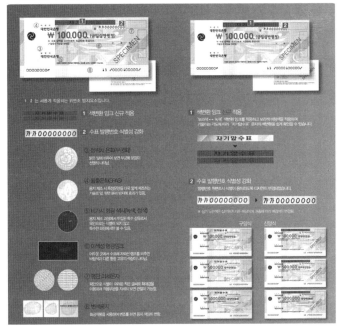

자기앞수표 위변조 방지 요소 보강 결과

◆ 신양식 정액 자기앞수표   ◆ 새로이 적용된 위변조 방지 요소

낮았던 정액 자기앞수표에까지 확대할 것을 제안하였다.

이후 경찰서에서 보관 중인 변조 수표 실물을 직접 분석해 발행번호 잉크가 수표 뒷면까지 배도록 하는 침투형 잉크와 보는 각도에 따라 색상이 변하는 시변각 잉크를 적용하는 등 보안성을 높였다.

Chapter 5

**디지털 세상에서도
변함없는 신뢰 지킴이**

모바일 신분증 시대를
열다

모바일 신분증 시대의 시작

우리나라는 모바일 신분증을 도입하기 전까지 주민등록증, 운전
면허증 등 국가 주요 신분증을 발급할 때 플라스틱 카드에 이름, 사
진, 주소 등 개인 정보를 표기해 실물 형태로만 발급하였다.

그러던 2019년 10월, 정부는 혁신 계획을 발표하면서 '디지털로
여는 좋은 세상'이라는 비전 아래 플라스틱 대신 스마트폰을 활용
한 모바일 신분증 도입을 추진하였다.

한국조폐공사는 이러한 정부 정책에 발맞추어 시범 사업으로
2020년에 모바일 공무원증 시스템을 구축하였다. 성공적인 발급과
시스템 운용을 통해 향후 운전면허증이나 주민등록증 같은 많은 국
민을 대상으로 하는 사업의 기반을 마련했을 뿐만 아니라 2021년

3월에는 행정안전부로부터 '모바일 신분증 전문 기관'으로 지정받는 성과를 거뒀다.

모바일 신분증의 장점

모바일 신분증은 온·오프라인에서 모두 사용이 가능한 통합형 신분증이다. 기존 플라스틱 카드 형태의 신분증에 IC칩을 탑재하고 이를 통해 개인 스마트폰에 모바일 신분증을 구현하는 방식을 적용하고 있다.

오프라인에서는 기존 신분증과 같이 본인 확인 수단으로 사용할 수 있고, 온라인상에서는 본인 확인뿐만 아니라 빈번하게 사용하는 로그인, 개인 정보 입력 등에도 이용할 수 있게 하여 국민의 편의성을 향상시켰다. 특히, 신분증 사용 과정에서 발생할 수 있는 프라이버시 침해 우려를 해소하기 위해 자기 주권 신원 증명Self-Sovereign Identity 개념을 적용하였다. 이용자는 스마트폰에 보관된 모바일 신분증으로 신원 확인을 해줄 때 어떤 정보를 제공할지 스스로 판단할 수 있고, 신분증 사용 이력은 중앙 서버에 기록되지 않는다.

예를 들어 편의점에서 맥주나 담배를 구입한다고 가정해보자. 출생연도만 확인하면 되는데도 주민등록번호, 주소 등 불필요한 개인 정보까지 노출되는 문제가 있다. 하지만 모바일 신분증은 출생연도만 보여줄 수 있어 개인 정보를 보호할 수 있다.

중앙 집중형과 탈중앙형 분산 신원 증명의 차이

중앙 집중형 신원 증명	탈중앙형 분산 신원 증명

중앙 집중형 신원 증명: 신원 확인 요청 / 신원 확인 요청 / 신원 확인 / 신원 확인 / 서비스 요청 / 서비스 요청 / 회원 가입 / 서비스 제공 / 서비스 제공

정부 등이 신원정보를 보유 및 제공

탈중앙형 분산 신원 증명: 공개 키 등록 / 공개 키 등록 / 신원 정보 발급 / 블록체인(공개키) / 블록체인(공개키) / 개인 키로 암호화 / 개인 키로 암호화 / 공개키로 복호화해 신원 확인 / 한 신원 정보 제공 / 한 신원 정보 제공 / 공개키로 복호화해 신원 확인 / 서비스 제공 / 서비스 제공

본인이 신원정보 보유 판단 후 제공

DID 기술의 적용

모바일 신분증의 높은 보안성은 블록체인 기반의 탈중앙 방식 분산 신원 증명 DIDDecentralized Identity 기술 덕분이다. DID 기술은 블록체인 네트워크에 기반하여 개인이 자신의 신원 정보를 통제하고 소유할 수 있도록 지원한다. 사용자는 본인의 신원 정보를 암호화된 자격 증명 형태로 안전하게 보관하고, 필요할 경우 특정 정보만 선택적으로 공유할 수 있다. 이외에도 안면 인식 등 생체 인증 기술도 적용해 보안성을 강화해 사실상 위변조가 불가능하게 설계되었다.

모바일 신분증 발급 방법

모바일 신분증을 발급받기 위해서는 먼저 관할 기관을 방문해

IC 칩이 탑재된 신분증을 발급받아야 한다. 이후 스마트폰에 모바일 신분증 앱을 설치해 PIN 번호를 입력하고, IC 신분증 태깅과 안면 인식 등을 거치면 된다.

실물 신분증은 분실, 훼손 등으로 다시 발급받아야 할 경우 매번 관할 기관을 방문해야 하는 번거로움이 있지만, 모바일 신분증은 최초 IC 신분증을 발급할 때 한 번만 방문하면 된다. 또한 분실 등으로 스마트폰을 교체하게 되어도 관할 기관 방문 없이 소지하고 있던 IC 신분증을 이용해 쉽게 재발급이 가능하다(다만, QR 발급이나 유효기간 도래 신분증인 경우 재방문 필요).

운전면허증, 국가보훈등록증도 모바일화

한국조폐공사는 공무원증의 모바일화 경험을 토대로 2021년에는 국가 신분증 가운데 최초로 운전면허증의 모바일화를 추진하였다. 시스템을 구축해 2022년 1월부터 7월까지 서울과 대전에서 시범 서비스를 해 안정성을 검증한 후 전국으로 확대하였다. 모바일 신분증 시대가 열리면서 지갑 속에 신분증을 넣어 다녀야 했던 불편함이 사라지게 되었다.

다음으로 2022년에는 모바일 국가보훈등록증 시스템을 구축해 2023년부터 서비스를 시작하였다. 이로써 80만 명의 국가유공자가 쉽게 신분을 확인하고, 다양한 혜택과 서비스를 온·오프라인에서 이용할 수 있게 되었다.

모바일 신분증 시대를 위한 성장통

한국조폐공사는 신분증의 모바일화 과정에서 적잖은 성장통을 겪었다. 2023년 11월 모바일 운전면허증 시스템이 다운되는 사고가 발생했다. 시스템 점검 과정에서의 작은 실수가 원인으로 밝혀졌지만, 당시에는 복구 완료 시점도 예상할 수 없을 만큼 큰 위기 상황이었다. 3일간의 긴박했던 사고 수습 후에 재발 방지 대책 마련에 주력했다. 국제 표준에 부합하는 서비스 관리 체계ITSM: IT Service Management를 도입하고, 비상 훈련을 정례화하는 등 어떠한 상황에서도 안정적으로 서비스를 제공할 수 있도록 하였다.

또 다른 난관은 모바일 신분증을 발급받는 사람이 생각보다 많지 않다는 것이다. 일반 운전면허증은 발급수수료가 1만 원인데 반해 모바일 운전면허증 발급에 필요한 IC 운전면허증은 1만 5,000원으로 더 비싸다. 게다가 아직 모바일 운전면허증을 사용할 곳도 많지 않아 국민 입장에선 굳이 IC 운전면허증을 발급받을 필요가 없다고 생각한 것이다.

이로 인해 2022년 기준 모바일 운전면허증 발급률은 전체 대상자 446만 명 중 15%에 불과한 67만 건이었고, 2023년에는 대상자 452만 명 중 125만 건으로 28% 수준에 그쳤다. 특히 모바일 국가보훈등록증의 발급률은 10%에도 못 미쳐 기대를 크게 밑돌았다.

한국조폐공사는 2025년부터 모바일 주민등록증을 발급하고 있는데 발급 대상자가 가장 많은 만큼 안정적인 시스템 구축뿐 아니라 발급률을 어떻게 높일 것인가에 대한 고민이 깊은 상황이다.

페이 시대의 뿌리, 모바일 결제 사업의 반복적 실패

한국조폐공사가 한국의 페이 산업을 이끌었다

5만 원권의 등장으로 전통 제조 사업이 급격히 위축되자, 한국조폐공사는 미래사업기획팀을 신설하고 전 직원을 대상으로 미래 사업 모델 공모, 글로벌 컨설팅 그룹의 용역을 통해 미래 사업을 발굴했다. 아이디어 공모에는 617건이 응모됐고, 최종적으로 넘버 1 사업으로 TSMTrust Service Manager이 선정된다.

TSM은 모바일 결제(신용카드) 사업으로 2012년 당시 스마트폰 혁명을 활용하여 신용카드 결제에서 모바일 결제로 옮겨가는 사업이었다. 이 사업에서 한국조폐공사의 역할은 사업을 기획하고 모바일카드의 안전한 발급과 관리 역할을 하는 것이었다.

시작은 비교적 순조로웠다. 공기업은 새로운 사업을 할 때 감독

기관의 승인을 얻어야 하는데, 기획재정부는 TSM의 사업 취지와 세부 사업 계획에 공감하고 2013년 3월 사업 인가를 내주었다. 힘을 받자 바로 통신사, 카드사, 정보통신부를 찾아다니면서 사업을 설명하고 참여를 설득했으나 반응은 좋지 않았다.

그러나 박근혜 정부에서 서비스 산업 발전 과제로 TSM 사업이 청와대에 보고되었고, 2013년 12월 기획재정부가 주관하여 TSM 사업의 필요성에 대한 정책 회의가 개최되었다. 금융위원회, 신용카드사, 이동통신사와 한국조폐공사가 참여했다. 이동통신사는 사업에 공감하고 적극적이었으나, 신용카드사는 얻을 수 있는 이점이 별로 없었기 때문에 반대했다.

한국조폐공사 TSM과 각종 페이의 등장

"스마트폰으로 카드 대신 결제를 한다." 지금은 익숙한 장면이다. 2013년 한국조폐공사가 추진했던 TSM은 카드사의 반대로 실패했지만, 카드사가 삼성전자 스마트폰에 카드 기능을 얹는 것에는 협력했고 2015년 삼성페이가 세상에 나오게 된다. 이후 온라인 마켓, 플랫폼 사업자, 은행 등이 내놓은 각종 페이가 난립하게 된다.

기프티콘과 모바일 상품권에서도 고착된 2차 TSM 사업

TSM 사업이 카드사와의 협업에 실패했지만, 거기에서 끝나지 않았다. 이번에는 상품권을 모바일로 전환하는 쪽으로 눈을 돌렸다.

우리나라와 달리 카드 결제 단계를 거치지 않고 현금 사용에서 바로 모바일 상품권과 기프티콘으로 넘어간 중국에서 힌트를 얻어 모바일 상품권 쪽을 두드렸다. 한국조폐공사가 주요 백화점 상품권을 만들고 있었기 때문에 모바일 신용 카드 때와 달리 반응이 나쁘지 않았다.

온누리상품권 쪽에서도 관심을 가졌다. 2014년 중소기업청은 모바일 온누리상품권 출시 계획을 발표했고, 발행을 담당하는 소상공인시장진흥공단도 한국조폐공사에 지원을 부탁했다. 2014년 모바일 온누리상품권 시범 사업 추진이 확정되고 입찰 일정도 나왔다. H백화점 측도 모바일 상품권을 도입하는 것으로 의사결정을 했다.

이번에는 이해관계자가 적극적이었지만, 한국조폐공사가 미적거렸다. 한국조폐공사는 그동안 시스템 구축 없이 서비스 모델로만 영업을 해왔으나, 정작 수요처가 나타났어도 시스템 투자를 쉽게 결정하지 못했다. 한국조폐공사는 투자 리스크를 줄이기 위해 S사와 전략적으로 제휴하고 공동 투자를 하기로 했으나 S사도 투자에 미온적이었다. 2014년에 시작된 논의는 결정되지 못하고 4년간 한 발짝

모바일 상품권, 기프티콘에 대한 수요처 반응

제안 단계: 좋습니다.
추진 단계: 한국조폐공사가 시스템은 가지고 계신 거죠?
교착 상태: 상품권 시스템은 언제 구축하는 거죠? 시스템 구축되면 그때 다시 오세요.

도 나아가지 못했다. 수요처 쪽은 한국조폐공사가 시스템 없이 사업 모델만 가지고 영업하는 것에 대해 점점 냉담해졌다.

블록체인으로 다시 살린 모바일 결제의 씨앗

지지부진하던 모바일 결제 사업은 블록체인 기술이 들어오면서 부터 다시 한번 새로운 기회를 맞게 된다. 2017년 한국조폐공사는 블록체인 기술을 활용해 지급 결제뿐만 아니라 신원 인증, 공공 투표, 문서 인증 서비스까지 제공하는 플랫폼 사업을 기획한다.

여전히 두 가지 문제가 발목을 잡았다. TSM 사업의 파트너였던 S 사는 여전히 미온적이어서 SI 개발과 시스템 투자는 진행되지 않았다. 조직 내부의 분위기도 좋지 않았다. 한 개 부서를 4년 넘게 운영했지만, 눈에 보이는 성과가 없었기 때문에 블록체인 플랫폼 사업에 대해서도 뜬구름만 잡고 있다는 시각이 팽배했다. 그 와중에 S사와의 협력은 최종 무산되고, 사업을 이끌던 부장은 개인적 책임감을 이기지 못하고 퇴사하게 된다.

대기업과의 협력이 무산되자 공사가 직접 투자하는 쪽으로 가닥을 잡고 예산을 편성했다. 특히 2017년이 되면서 행정자치부가 지역사랑 상품권을 모바일로 전환하는 것에 적극적이었고, 여러 지자체도 블록체인 기술로 지역사랑 상품권을 만들고 싶어 했다. 한국조폐공사 입장에서는 플랫폼 사업이기 때문에 초기 투자 비용은 높지만, 상품권을 발행하는 지자체가 늘어나면 비용을 상쇄할 수 있어 해볼 만했다.

그러나 2017년에도 투자는 집행되지 못했다. 투자 위원회 의결을 거쳤지만, 정작 업무를 담당하는 고위직 관리자들은 투자 리스크에 민감해서 투자 집행을 쉽게 결정하지 못했다.

2018년이 돼서야 상황이 바뀌었다. CEO가 바뀌면서 제조 기업에서 결제, 인증, 보안 서비스 기업으로 사업 전환을 주문했고, 2018년 3월 신뢰 플랫폼 구축 사업에 착수하였다.

한국조폐공사가 투자를 결정한 시기는 조금 늦었다. 그 사이 다른 기업에서 먼저 디지털 지역사랑 상품권 사업을 시작했다. 만약 당초 계획보다 늦은 2017년에라도 한국조폐공사가 디지털 상품권에 투자했다면 지역사랑 상품권 사업은 경쟁자 없이 그리고 규모의 경제로 효율적으로 진행됐을 것이다. 2013년에 한국조폐공사 경영

2017년 겨울에 대한 한 직원의 기억

본래 가까운 사이는 아니었어요. 플랫폼사업팀장과 같이 술을 먹은 것은 그날이 처음이었는데, 술에 취한 선배가 길거리에서 쓰러지더니 엉엉 울었어요. (왜 그렇게 힘들어해요? 얼마 전에 승진도 했잖아?) 그러나 아무 대답 없이, 울기만 했어요. 40 중반을 훌쩍 넘은 남자가.

몇 년이 지나 그 선배가 퇴사한 후에 "그때 너무 외로웠다. 사업하면 될 것 같은데, 내부에 부정적인 사람이 많았고, 괴롭히는 선후배까지 있었다"라고 들었어요.

그 겨울이 지나서 2018년에 투자가 이루어졌고 사업이 본궤도에 올랐는데, 그 선배는 2022년에 결국 퇴사했어요.

상황이 좋아서 페이 사업에 단독 투자를 했다면 페이 시장도 현재처럼 난립하지 않았을 수도 있다.

착_{chak}, 블록체인 기반
한국조폐공사 지급 결제 플랫폼

지역사랑 상품권은 지역 상권을 활성화하고, 주민에게 할인 혜택을 주기 위해 각 지자체가 발행하는 유가증권으로 해당 지역 내에서만 사용할 수 있다. 매월 1일 발행을 시작하면 짧은 시간 안에 완판될 정도로 인기가 좋다.

여기에 한국조폐공사도 역할을 하고 있다. 2019년부터 모바일 지역사랑 상품권 착_{chak} 플랫폼을 통해 상품권의 발행, 운영, 정산과 보안 관리 등을 맡고 있다.

착_{chak}은 'Change for Korea'의 약자로 한국조폐공사의 신뢰 서비스를 통해 국민 누구나 '착착' 더 편리하고 안전하게 상품권을 사용할 수 있도록 하겠다는 의미를 담고 있다.

사실 착_{chak}이 처음부터 지역사랑 상품권 서비스를 위해 개발된 것은 아니었다. 2013년, 한국조폐공사가 줄어드는 화폐 수요에 대응하기 위해 야심 차게 추진했던 TSM 사업은 비록 상용화되지는 못했지만, 이때 적용한 블록체인 기술이 착chak 개발의 초석이 되었다.

새로운 일을 시작할 때 항상 우려와 반대가 있기 마련이듯 한국조폐공사의 착chak 서비스 개발 과정도 순탄하지만은 않았다.

인터뷰 착(chak) 개발 과정의 난관

김의석 카이스트 교수(당시 실무부장)

착chak의 개발은 디지털 교환 수단 및 결제 시스템 구축을 통해 한국조폐공사의 미래를 설계하는 과정이었다. 당시 지역 화폐에 대한 수요가 상당해 사업성이 있다고 판단하였으나 직원들의 공감대를 얻어내기 어려웠고, 오랜 설득 과정이 필요했다.

2019년 서비스를 시작할 때만 해도 경기도 시흥시와 성남시 두 곳에 불과했지만 이후 신용카드 결제 기능을 추가하고 한국조폐공사 내에 서비스 전담 조직 설치, 가맹점 확보를 지원하는 서포터즈 운영 등을 통해 여러 지자체로 확대하였다.

2021년에는 사용자 편의성 증대를 위해 QR 결제 방식에 이어 카드형 상품권 시스템까지 개발해 종이 상품권부터 카드, QR 결제 방식까지 모든 서비스가 가능해졌다.

착chak의 첫 번째 장점은 종합 솔루션을 제공한다는 것이다. 지자체는 지역 특성에 맞게 상품권 발행 방식을 선택함으로써 이용자 편의를 극대화할 수 있다. 모바일 환경에 익숙하지 않은 노년층이 많은 곳에는 종이 상품권을, 젊은 층이 많은 지역은 모바일 결제 방식을 선호할 테니 이를 고려할 수 있다. 그뿐만 아니라 구매 한도 관리나 다양한 통계, 분석이 가능하다.

두 번째는 은행권, 주화, 각종 유가증권을 제조하는 공공기관으로서의 공공성을 바탕으로 한 투명한 사업 관리다. 한국조폐공사는 2023년 8월 국비, 지방비 예산 사업에 대한 투명한 자금 관리와 국가 중점 데이터 사업 이행을 위한 지역사랑 상품권 데이터 전문 기관으로 지정되었다.

세 번째는 블록체인 기반의 플랫폼을 구축하여 운영하고 있으며, 국가정보원 보안성 심사를 통과하는 등 최고의 안정성을 보장하고 있다. 그뿐만 아니라 종이 상품권도 화폐에 준하는 보안 요소를 적용해 위변조 방지에 최선을 다하고 있다. 특히 상품권이 언제, 어디서 사용되는지 등의 데이터는 국민의 사생활까지 들여다볼 수 있는 정보이므로 상업적 목적으로 이용되지 않도록 철저히 관리돼야 한다. 이 점에서 한국조폐공사의 보안성과 안정성은 탁월하다.

네 번째는 시각장애인용 점자가 들어간 종이 상품권을 제조해 사회적 약자를 배려하고 있으며, 소상공인의 경제적 부담 완화를 위해 모바일 상품권 QR 결제 시 가맹점 수수료를 면제해 공익을 우선시한다는 것이다. 무엇보다 한국조폐공사가 서비스를 제공하는 지역은 인구가 적거나 산간벽지를 끼고 있어 민간이 서비스를 꺼리는 지역이 다수 포함돼 있다는 것이 이를 방증한다.

마지막으로 이상 거래 탐지 시스템을 통해 '상품권깡'과 같은 부정 유통 패턴을 분석하고, 이를 지자체에 제공함으로써 건전한 소비를 진작하고 지역 경제 활성화라는 본래의 목적을 달성할 수 있도록 지원하고 있다.

이렇게 많은 상섬을 가진 착$_{chak}$ 시스템은 2021년 코로나 팬데믹 시기에 정부가 국민지원금을 지역사랑 상품권으로 지급하면서 가맹 지자체 수가 급격히 증가하였다.

이에 한국조폐공사도 2022년부터 착$_{chak}$으로 지자체 복지 바우처, 택시요금 결제, 온라인 배달, 쇼핑몰 결제가 가능하도록 했고, 2024년 9월부터는 국민건강보험공단의 '건강실천지원금'* 결제 서비스를 시작하는 등 더 많은 서비스 제공을 위해 노력하고 있다.

2024년 기준 전국 82개 지자체에서 280만 명이 착$_{chak}$ 서비스를 이용하고 있으며 앞으로 더 늘어날 것으로 전망된다.

---

* 참여자가 걷기 운동과 같은 건강 생활을 실천하고, 혈압·혈당 조절, 체중 감소 등 건강 문제를 개선하면 포인트를 지급하는 사업으로 착(chak)을 통해 전국 병·의원에서 결제가 가능함.

ICT 시대의 사업 다양화

작은 칩에도 보안 기술이? IoT 보안 모듈 사업

"기름 5만 원만 넣어 달라고 했는데, 실제로는 4만 6,000원어치만 넣으며 운전자를 속여 온 주유소들이 적발됐습니다. 정량보다 기름이 적게 나오도록 주유기 프로그램을 교묘하게 조작했던 것입니다." 2012년 8월 이런 반갑지 않은 뉴스가 나왔다.

한국조폐공사는 신분증용으로 개발 중이던 IC칩용 보안 기술을 활용하면 이러한 사회문제를 해결할 수 있을 것이라 착안했다. 당시 한국조폐공사 사업부서와 기술연구원이 아이디어를 합해 주유기 프로그램의 불법 조작 여부를 확인하고 방지할 수 있는 기술을 관계 기관에 제안했다. 이렇게 해서 주유기 보안 모듈 개발에 도전하게 된 것이다.

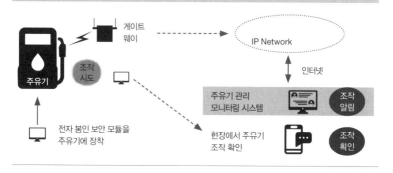

주유기 전자 봉인용 보안 모듈 개념도

2013년 한국조폐공사는 산업자원부에서 '주유기 조작 방지 대책 방안'으로 추진한 국책 과제에 참여하여 '주유기 전자 봉인용 보안 모듈'을 성공적으로 개발하게 되었다. 이후 2015년부터 전국 주유소에 설치되는 주유기에 보안 모듈을 탑재하기 시작했다.

한국조폐공사 보안 모듈은 주유기가 조작되지 않은 초기 상태 값을 암호화하여 저장하고 주유기 작동 시 상태 값과 저장되어 있는 초기 상태 값을 비교하여 비교 값이 다를 경우에는 경보가 울려 소비자에게 주유기가 조작되었음을 알려주는 방식이다.

2017년에는 주유기 형식 승인 기관인 KTC(한국기계전기전자시험연구원)로부터 '주유기 보안 모듈 제조·공급 전담 기관'으로 지정받아 전국 10만여 주유기에 순차적으로 탑재를 확대하고 있으며, 보안 모듈 탑재 후 주유량 불법 조작은 1건도 발생하지 않고 있다.

한국조폐공사는 차세대 전력망에도 보안 모듈을 개발하여 적용

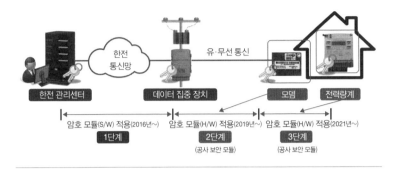

지능형 전력망용 보안 모듈 개념도

한전
통신망

유·무선 통신

한전 관리센터　　　데이터 집중 장치　　　모뎀　　　전력량계

암호 모듈(S/W) 적용(2016년~)　암호 모듈(H/W) 적용(2019년~)　암호 모듈(H/W) 적용(2021년~)

1단계　　　　　　　2단계　　　　　　　3단계

(공사 보안 모듈)　　　(공사 보안 모듈)

하고 있다. 최근 세계적으로 적대 국가를 대상으로 대규모 정전 사태를 유발하여 중요 산업 시설을 마비시키는 사이버 공격 시도가 있었고, 이에 대한 보안 강화가 요구되는 추세이다. 2010년부터 우리 정부는 국책 사업으로 국가 전력망에 ICT 기술을 도입하는 차세대 지능형 전력망을 구축하는 스마트 그리드 사업*을 추진하고 있다.

정부는 국가 전력망의 보안 강화를 위해 관련 지침을 마련하고, 국가정보원의 검증 필 암호 모듈(KCMVP 인증) 사용을 의무화하고 있다.

한국조폐공사 보안 모듈은 전력량계의 통신 모뎀에 초기 상태 값을 암호화하여 장착하게 되고, 전력량계가 통신 모뎀을 통해서 한

---

* 기존 전력망에 정보통신 기술을 접목하여, 공급자와 수요자 간 양방향으로 실시간 정보를 교환함으로써 지능형 수요 관리를 가능케 하는 차세대 전력 인프라 시스템

전 서버와 통신할 때, 보안 모듈에 저장되어 있는 초기 상태 값과 비교한 후 데이터를 암호화하여 안전하게 통신하는 방식이다.

한국조폐공사는 이러한 지능형 전력망용 보안 모듈을 30개월간의 연구개발 끝에 개발하였다. 2018년 10월 국가정보원으로부터 KCMVP 인증을 획득하고 지능형 전력망용 보안 모듈 상용화에 첫발을 내디뎠다.

최근 AI 기술의 급격한 발전으로 인해 주유기나 전력망의 불법 조작이나 공격 등에 대응하기 위해 한층 높은 수준의 보안이 요구되고 있다. 모든 데이터가 연결된 초연결 시대의 디지털 플랫폼 위에서 한국조폐공사는 더욱 안전한 디지털 사회 구현을 위해 차세대 보안 모듈을 지속적으로 개발하는 등 그 역할을 다 할 것이다.

최초의 ICT 서비스, 시흥 화폐 '시루' 론칭

시흥 화폐 '모바일 시루'는 한국조폐공사 최초의 대국민 모바일 상품권 서비스로 2019년 1월, 47만 시흥시민을 대상으로 시범 오픈하였다. 시흥 화폐 가맹점 1호였던 시흥그린슈퍼에서 오전 10시 50분 QR코드를 이용한 첫 결제가 이루어졌다. QR 결제 현장을 직접 본 시흥시 담당 주무관은 "스마트폰이 통화가 되는 어느 곳에서든 우리의 서비스를 제공할 수 있다는 사실을 직접 체험한 것이 너무나 큰 충격과 감동으로 돌아왔다"고 설명했다.

한국조폐공사가 발행한 모바일 지역사랑 상품권은 첫날 '6억 4,000만 원'의 매출을 기록했다. 최초의 ICT 서비스 매출이었다. 현금이 줄어드는 미래에 '신뢰할 수 있는 디지털 지급 수단'을 도입하고, 서비스를 제공할 수 있는 능력을 대내외적으로 증명한 역사적인 날이었다.

현재 모바일 시루는 전체 결제 금액의 95%가 QR 결제로 이루어지며 3년 연속 시흥시 사회 조사 특색 사업 만족도 1위를 차지했다.

ICT 전환의 힘, 통합 데이터센터(IDC) 건립

2020년 11월 23일, 한국조폐공사 ID본부 뒤편 운동장 자리에 연면적 3,000㎡ 규모의 3층 건물이 들어섰다. 통합 데이터센터IDC:

Integrate Data Center가 세워진 것이다.

2018년 본사에도 전산실이 있었지만, 여유 공간이 없어서 모바일 지역사랑 상품권 사업을 시작할 때 민간 클라우드를 이용했다. 그러나 2019년 하반기부터 전국의 지자체로 서비스가 빠르게 확장되면서 클라우드 이용료가 급증하게 되었다. 이 때문에 한국조폐공사에서는 제대로 된 ICT 사업을 위해 자체 데이터센터가 필요하다는 의견이 모였다.

하지만 ICT 분야 첫 사업 모델이었던 TSM 사업이 중단됐고, 모바일 지역사랑 상품권 사업도 기대만큼 성장하지 못했기 때문에 자체 데이터센터 구축에 대해 내부의 분위기는 상당히 부정적이었다. 그러던 차에 분위기의 반전이 일어났다. 차세대 전자 여권 사업을 추진하면서 시스템 자원이 더 필요했고, 사이버 보안 관제도 강화해야 했다. 이제 자체 데이터센터의 구축은 ICT 분야만이 아니라 한국조폐공사 전사적인 전략 차원에서 의사결정이 진행됐다.

다양한 내부의 의견을 수렴하고 향후 확장을 고려한 규모를 산정하여 국가 보안 시설 '나'급인 ID본부에 통합 데이터센터(IDC)를 건립하게 되었다. 통합 데이터센터는 한국조폐공사 최초의 ICT 전용 건물로 국내 다른 공공기관과 비교해도 손색없는 규모이다. 특히 2층 서버실은 층고가 6m로 일반 건물 두 개 층 높이로 설계를 하여 가장 큰 사이즈의 서버랙을 집중적으로 설치하고, 전력, 통신, 항온항습 등의 기능이 서로 간섭을 일으키지 않으면서 충분한 성능을 발휘할 수 있도록 구성되어 있다.

전력과 통신 회선이 병렬화돼있고, 비상시를 대비한 대형 발전 설비도 갖추고 있다. 현재 서버실에서는 모바일 지역사랑 상품권chak, 모바일 운전면허증, 전자 여권 발급 서비스 등을 제공하고 있다. 종합상황실은 모든 자원을 실시간으로 모니터링하고, 특히 외부로부터의 침해 시도를 탐지하여 차단하고 있다. 2024년 행정안전부 주관 공공부문 정보 시스템 운영시설에 대한 안정성 점검에서 좋은 평가를 받았다.

ICT 조직 확대 및 경력직 채용,
ICT 이사 외부 공모까지

한국조폐공사는 ICT 사업을 추진하면서 내부 인력만으로는 한계가 있다고 보고 외부 공모를 통해 전문 인력을 충원하였다. ICT 분야 경력 직과 신입 직원을 적극 채용하고, 2021년에는 대기업 임원 출신의 전문가를 ICT 이사로 영입하여 내부 역량을 보완하고, ICT 사업을 보다 효율적으로 추진할 수 있는 기반을 마련했다.

2020년에 28명 내외이던 ICT 분야 정원을 2024년 들어 108명으로 확대하였고, 신입 직원 68명과 경력 직원 33명을 채용하였다. 조직도 2019년에 1개 부서, 3개 팀이던 것을 2024년 7월부터 5개 부서, 12개 부로 대폭 늘였다.

외부 인재 영입은 실제로 ICT 사업 역량 확보에 크게 도움이 되었다. 그러나 기존 직원들과 다른 성장 경로와 조직 문화를 겪어왔던 경력직이 조직에 완전한 융합을 이루기까지는 시간이 필요했다. 외부에서 채용된 인재들은 전문성을 바탕으로 조직에 긍정적인 영향을 주었지만, 내부 직원들과의 협업과 동기 부여 체계에 있어서는 인식 차이가 있어 이를 해

ICT 이사 산하 조직도(2024년 7월 15일 기준)

- **ICT 이사**
  - **ICT기획처**
    - ICT기획부
    - 경영정보부
    - ICT 신사업부
  - **ICT 사업처**
    - 지급결제 사업부
    - 결제플랫폼 사업부
    - 결제플랫폼 운영부
  - **디지털신분증처**
    - 디지털신분증 사업부
    - 디지털신분증 운영부
    - 디지털신분증 개발부
  - **ICT운영개발처**
    - 디지털 인프라부
    - 지급결제 운영부
    - 지급결제 개발부
  - **정보보안센터**

결하기 위한 방안을 고민 중이다. 최근에는 ICT 이사와 간부 직원들을 중심으로 구성원 통합과 시너지 제고에 필요한 소통과 협력 프로그램을 가동 중이다. 상하 간의 리더십과 역량 향상을 위해 각 부문에서 자발적 협력이 일어나고 있으며, 현장 구석구석의 불만이나 제언 등 모든 목소리를 가리지 않고 신속히 공유하고 해결책을 공동 모색하는 등 통합 노력이 서서히 긍정적인 반향을 불러일으키고 있다.

Chapter 6
특수 압인 기술로
대한민국의 위상을 높여라!

동전에 문화적 가치를
담다

신사임당 말고 오만 원짜리 화폐가

일반적으로 오만 원짜리 화폐라 하면 신사임당이 그려진 지폐를 떠올리는데, 그 지폐 말고도 한국은행에서 정식 발행한 오만 원짜리 동전이 있다.

한국은행은 매년 국가적 행사나 기념일, 역사적 사건 등을 기념할 목적으로 기념주화를 발행한다. 기념주화는 시중에서 결제할 때 사용되는 일반 화폐와 동일한 절차로 발행되어 똑같은 법적 지위를 갖고 있지만, 쉽게 변질되지 않는 금, 은 등의 귀금속 소재로 예술적 측면을 강조하여 만들어져, 단순한 거래 수단이나 교환 매개 역할보다는 수집이나 기념 목적을 가진 하나의 상품으로 활용된다.

화폐의 발행 절차

한국은행	정부 (기획재정부)	한국은행	한국조폐공사
발행 계획 수립	발행 승인	금융통화위원회 발행 의결	제조·공급

* 우리가 사용하는 현용 은행권·주화를 비롯하여 모든 화폐의 발행 절차는 동일

우리나라 기념주화의 역사

우리나라에서 최초로 나온 기념주화는 1971년 '대한민국 반만년 역사 기념주화'로, 금화 6종과 은화 6종 등 총 12종 약 3만여 장이 발행되었다. 앞면은 세종대왕, 이순신 등 역사적 인물과 신라 금관 등의 문화재를 담았으며, 뒷면에는 대한민국 국장 등을 새겼다.

다만, 안타까운 점은 발행 과정 자체가 대통령의 긴급 지시로 독일에서 제조되어 이탈리아 대행사를 통해 해외 홍보용으로만 전량 판매되었다는 점이다. 이 때문에 역수입해오기 전까지는 대한민국 국민이 직접 구입하기 어려웠다. 들리는 후문으로는, 당시 북한이 금·은 주화를 만들려 한다는 소식을 들은 대통령이 북한보다 먼저 금·은 기념주화를 출시하라 했다는 것이 최초 기념주화 발행의 배경이라고 한다.

1975년에 발행된 '광복 30주년 기념주화'부터 현재까지 총 66회에 거쳐 200종 이상의 기념주화를 한국조폐공사가 순수 국내 기술

로 제조하면서 국내 유일의 기념주화 제조 기관으로 역할을 하고
있다.

발행 초기에는 올림픽, 월드컵, 아시아경기대회 등 국내 개최 국
제 행사와 광복, 정부 수립 등 정부 기념 행사 등 이벤트성 주제 중
심으로 다루다가, 2007년 전통 민속놀이를 시작으로 유네스코 세
계유산, 국립공원 등 우리 문화를 알리는 다양한 주제의 기획성 시
리즈를 발행하고 있다.

특히, 2012년 한국은행법에 기념화폐 발행에 대한 별도 조항이
신설된 것을 계기로 기념주화 발행 주기를 연 1회 이상으로 정례화
하고, 발행량도 일정 수준 이내로 제한해 희소성을 높임으로써 기
념주화의 수요층 확산과 일반인의 수집 시장 참여 활성화를 위해
노력하고 있다.

가장 인기 있는 기념주화는?

수많은 주제의 기념주화 중 어떤 기념주화가 가장 인기가 높
을까? 사전 예약 접수 중에 가장 경쟁률이 치열했던 기념주화는
2014년 발행된 '프란치스코 교황 방한 기념주화'이다. 1989년 바오
로 2세 방한 이후 25년 만에 이루어진 프란치스코 교황의 한국 방
문을 기념하면서 우리나라 고유 상징물과 천주교의 평화 상징물을
조화롭게 배치해 한반도의 평화 기원 메시지를 담았다.

〈교황 방한 기념주화〉 (2014년, 한국은행 발행)	〈한글날 국경일 제정 기념주화〉 (2006년, 한국은행 발행)
은화(Ag 99.9%) 태극, 십자가, 올리브 가지 & 비둘기 / 교황 문장紋章	은화(Ag 99.9%) '효데례의' 별전 / 한글의 자음을 균형미 있게 조합한 디자인

2006년 발행된 '한글날 국경일 제정 기념주화'도 국내 화폐 수집 시장에서 인기가 높다. 기존의 동그란 주화 형태에서 처음으로 벗어나 가운데 네모 구멍을 뚫어 과거의 별전別錢 형태를 구현하고, 한글을 디자인적으로 재해석하여 현대적인 느낌을 주었다.

해외의 기념주화와 우리나라의 나아갈 길

국가의 정식 화폐로 발행되는 기념주화는 자국의 우수한 역사, 문화·예술적 가치를 담아 국민의 자긍심을 높이고 다양한 국가 브랜드 이미지를 국내외에 알릴 수 있다는 장점이 있다. 해외 주요 조폐국은 이러한 장점을 적극 활용하여 전통적인 유통 목적에서 벗어나, 기념주화, 예술형 주화(불리온 주화) 등 각종 비유통 주화 중심으로 사업 패러다임을 전환하고 있다. 특히 주요 6개국(미국, 중국, 캐

해외 주요국 주화 사업 유형별 매출 비교 (2023년)

미국
유통 주화 20.4%
비유통 주화 79.6%

캐나다
유통 주화 5.4%
비유통 주화 94.6%

영국
유통 주화 4.9%
비유통 주화 95.1%

대한민국
비유통 주화 13.7%
유통 주화 86.3%

출처: 각국 조폐 기관, 2023 Annual Report

나다, 오스트리아, 영국, 호주)은 최근 3개년 평균 연간 64회(월간 5회) 이 상의 기념주화를 발행 중이며, 발행 종수 역시 많아서, 연간 93종의 기념주화를 발행하고 있다.

다양한 기념주화를 발행하다 보니 주제도 국가적 행사에만 국한 하지 않고 자국의 문화예술, 신화, 전통 문양 등 다양한 시리즈를 기

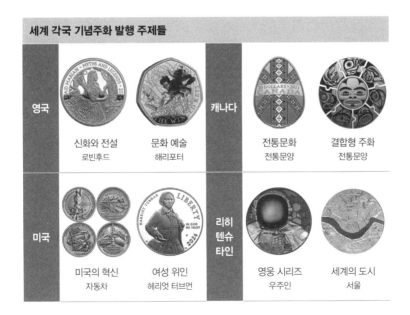

세계 각국 기념주화 발행 주제들

영국	신화와 전설 로빈후드	문화 예술 해리포터	캐나다	전통문화 전통문양	결합형 주화 전통문양
미국	미국의 혁신 자동차	여성 위인 헤리엇 터브먼	리히 텐슈 타인	영웅 시리즈 우주인	세계의 도시 서울

획하고 있다. 또한 특별한 주제 없이 특이형, 보석 삽입 등 특수 기법을 강조하거나 자국만의 주제가 아니어도 세계적 관심이 있는 주제를 자국의 느낌으로 표현해 상품성을 강화해가는 경향이 있다.

한국조폐공사는 약 50년간 축적된 주화 제조 기술을 기반으로 현재 한국은행과 함께 기념주화 활성화를 위해 다양한 시도를 추진하고 있지만, 아쉽게도 아직 다른 나라에 비해 발행 규모가 작고, 해외 판매도 다소 부진한 수준이다. 최근 K-컬처 붐이 일어난 가운데 앞으로 우리 고유의 문화와 더불어 기술 강국의 이미지를 기념주화를 통해 어떻게 알리고 발전시켜나갈 것인지 많은 고민을 하고 있다.

새로운 기술은 더하고
사회적 가치는 나누는 기념 메달

메달에 새로운 기술을 더하다

기념주화*와 기념 메달을 만드는 이유는 국가적 행사나 역사적 사건 등을 오랫동안 기념하고 홍보하기 위해서이다. 다만, 기념주화는 액면 금액이 표시되어 있고, 기념 메달은 액면 금액이 없는 것이 가장 큰 차이점이라 할 수 있다.

한국조폐공사는 1966년부터 주화를 제조하기 시작하였고, 이를 통해 축적한 특수 압인 기술을 활용하여 기념 메달도 제조하고 있다.

한국조폐공사가 제조한 최초의 기념 메달은 1975년 한국은행 창

---

* 국가적인 행사, 역사적 사건 등을 국민과 함께 기념하거나 공적을 기리고 그 내용을 널리 홍보하기 위해 한국은행에서 발행하는 대한민국 법화法貨.

한국은행 창립 25주년 기념 메달 이미지	
(앞면)	(뒷면)

립 25주년 기념 메달로 은을 소재로 5,000장을 제조하였고 이를 시작으로 기념과 홍보가 필요한 다양한 수요처에 기념 메달을 제조·공급하고 있다. 특히 국제 행사를 기념하기 위해 만드는 기념주화와 기념 메달은 주최국의 압인 기술력을 전 세계에 알리는 기회로 활용할 수 있다. 한국조폐공사는 2018년 평창 동계 올림픽 시상 메달을 제조하여 특수 압인 기술을 세계에 뽐낸 바 있다. 평창 동계 올림픽 시상 메달은 한글을 모티브로 하여 메달 측면에 국내 최초로 레이저 조각 기술을 적용*하는 등 새로운 디자인과 압인 기술을 통해 국내외 많은 이들로부터 호평을 얻었다.

메달이라고 하면 일반적으로 단순한 둥근 모양에 인물, 조형물 등을 표현한 것으로 생각하지만, 압인 기술이 발전함에 따라 다양한 모양으로 제조할 수 있게 됐고, 새로운 기술을 접목한 독창적인

---

* 「평창 동계 올림픽 2018」을 한글 자음만을 레이저 조각하여 'ㅍㅇㅊㅇㄷㅇㄱㅇㅇㄹㄹㅁㅍㄱㅇㄱ ㅇㅇㄹㅍㄹㄷ'으로 표현함.

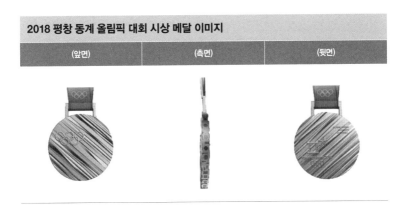

2018 평창 동계 올림픽 대회 시상 메달 이미지		
(앞면)	(측면)	(뒷면)

메달이 계속 출시되고 있다.

메달에 은행권 보안 요소인 잠상潛像*을 넣어 위변조 식별을 가능하게 하거나, QR코드를 구현하여 메달을 카메라로 찍으면 홍보하고자 하는 사이트로 연결되기도 한다.

둥근 모양뿐만 아니라 4각, 8각형 모양의 메달, 지폐 형태, 평면이 아닌 돔 모양의 메달도 제조가 가능하다.

돔 모양의 메달은 2018년 러시아 월드컵 기념 메달에 국내 최초로 시도되었으며, 2019년 프랑스 여자 월드컵 기념 메달, 우리 품에 돌아온 문화재 시리즈 중 해시계 모양의 앙부일구 메달 등에 적용되어, 메달의 입체감을 더하고 있다.

메달에 생동감을 주기 위해 심도深度를 높여 메달을 제작하기도 한다. 일반적인 메달과 달리 심도深度가 10mm에 달하는 고심도 호

---

* 은행권 위조 방지를 위한 보안 요소의 하나로, 인쇄된 글자나 문양이 보통 상태에서는 잘 보이지 않으나, 보는 각도나 빛의 방향에 따라 보이는 보안 요소.

잠상 및 QR코드 구현 메달 이미지	
잠상 삽입 메달	QR코드 삽입 메달

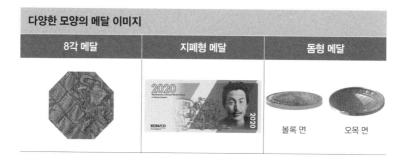

다양한 모양의 메달 이미지		
8각 메달	지폐형 메달	돔형 메달
		볼록 면 오목 면

고심도 메달 이미지	
고심도 호랑이 메달	양면 고심도 토끼 메달

랑이 메달은 금방 메달 밖으로 호랑이가 튀어 나올듯한 생동감을 특수 기술로 표현하고 있다.

한국조폐공사는 더욱 아름답고, 독특한 메달 제조를 위해 부단

한 노력을 하고 있으며 향후에는 기존 메달 대비 심도가 10배 이상이 되는 고심도 메달, 원형, 사각, 팔각 등 정해진 형태가 아닌 무정형 메달도 출시됐으며 메달의 진화는 현재 진행 중이다.

사회적 가치를 나누는 기념 메달

한국조폐공사 기념 메달은 사업 다각화를 통한 수익 창출에도 기여하지만 공기업으로서 사회적 역할을 실천하는 공익적 목적에도 부합한다.

장애인들에게 사회 참여 기회를 제공하고 사회 일원으로서 자립할 수 있도록 '천사의 재능' 시리즈 메달을 기획하여 2019년부터 계속 새로운 제품을 출시하고 있다.

'천사의 재능' 시리즈 메달 사업은 서번트 증후군* 아티스트가 메달 디자인 작업에 직접 참여하여 특별하고 새로운 시각으로 메달을 디자인하여 이를 제품화하는 사업이다. 2019년 '천사의 재능 띠 메달'을 시작으로 2024년에는 다섯 번째 메달인 'Sweet Moment' 메달이 출시되었다.

'천사의 재능' 시리즈 메달 사업은 매출액의 일정 비율이 디자인 로열티 명목으로 관련 재단에 지급되어 서번트 증후군 아티스트들

---

* 자폐증이나 지적 장애를 가진 사람이 암산, 기억, 음악, 미술 등 특정 분야에 천재적인 능력을 발휘하는 현상.

천사의 재능 시리즈 메달	
천상의 재능 띠 메달	Sweet moment 메달

의 직업 교육과 장애인 일자리 창출을 위한 재원으로 사용되고 있다. 사업 시작 이래 2024년까지 30명 이상의 서번트 증후군 아티스트들이 취업에 성공하여 대형 광고 프로젝트에 참여하는 결실을 낳을 수 있었다. 이런 공익적 활동으로 한국조폐공사는 2021년에 고용노동부 청년 일자리 창출 대통령 표창을 받기도 하였다. '천사의 재능' 시리즈 메달을 시작으로 사회적 가치를 나누는 사업 연계 활동들은 다양한 K-컬처 기념 메달로 확대되어 지금도 계속되고 있다.

예술형 주화 발행을 위한
첫걸음

　예술형 주화는 해외에서 주로 불리온 주화Bullion Coin로 불리고 있는데, '불리온'은 17세기 프랑스의 재정 장관이던 '끌로 드 불리온'의 이름에서 유래한 단어로, 각 국가를 대표하는 상징물을 주제로 금, 은 등 귀금속으로 만든 주화나 메달을 말한다. 수집 가치가 높은 것은 물론 시세 차익을 겨냥한 실물 투자 수단으로 각광받고 있다. 미국의 독수리, 중국의 판다, 캐나다의 단풍잎, 호주의 캥거루 등 해외 조폐 기관은 활발히 불리온 사업을 진행하고 있다.

　한국조폐공사는 이와 같은 해외 조폐 기관의 성공 사례를 벤치마킹해 2016년부터 국민이 믿고 살 수 있는 확실한 안전 자산을 제공하고, 더불어 하나의 문화로 자리매김하도록 불리온 사업을 시작하기로 했다. 다만, 예술형 주화도 화폐이기에 이에 대한 정부 승인 등 필요한 절차들을 완수하기까지는 오랜 시일이 걸려 액면가가 표

시되지 않은 메달로 먼저 시작하기로 했다.

사업 초기 우리나라를 대표하는 상징물 선정이 가장 큰 고민이었는데, 여러 전문가의 의견과 거듭된 디자인 회의를 거쳐 '호랑이'를 주제로 정했다.

일제 시절 무분별한 포획으로 인해 지금은 한반도에서 찾아볼 수 없게 된 호랑이는 민화와 전래 동화뿐 아니라 한반도를 찾았던 외국인이 쓴 방문기에도 자주 등장한다. 또한, 1988년 서울 올림픽과 2018 평창 올림픽에서도 호랑이는 우리나라를 대표하는 마스코트였다.

주제가 정해지자 호랑이를 어떻게 표현할지도 관건이었는데, 한국조폐공사는 호랑이의 다양한 이미지를 표현함과 동시에 감상의 즐거움을 선사하고자 중국의 판다 불리온 주화처럼 매년 새로운 도안을 담아내기로 했고 출시 첫해인 2016년에는 호랑이의 정면 모습을 기교 없이 담백하게 담아내고자 하였다.

그렇게 2016년 7월, 한국조폐공사 최초의 불리온 메달 '호랑이'

시리즈가 시작되었다. 메달은 총 3종류인 1/4온스(7.78g), 1/2온스 (15.55g), 1온스(31.1g)로 제작되었으며, 제조된 연도 숫자를 한정 수량 으로(2016년은 2016장, 2017년은 2017장 등) 삼았다.

국내 소비자들에게는 아직 생소한 제품인지라 사업 첫해에는 매출 22억 원에 그쳤으나, 해외에서 점점 입소문을 타면서 치우천왕, 지신 등 고전 신화를 재해석한 또 다른 불리온 시리즈를 출시하면 서 연평균 298%씩 성장해 2020년에는 총매출액 765억 원을 달성 하는 기염을 토하였다. 단 5년 만에 35배의 성장을 이뤄낸 것이다.

급격히 성장만 거듭하던 사업은 매출액이 정점에 다다랐던 2020년 11월 최대 위기를 맞이하게 된다. 바로 194억 원의 미회수 채권이 발생한 것이다. 2019~2020년 코로나 위기와 함께 귀금속 시세가 급등하면서 사업 또한 크게 성장하였으나, 이후 귀금속 시세와 환율 급락 등으로 유통사 중 한 곳에서 유동성 위기가 발생하여 결국 한국조폐공사에 대금을 체납하는 사건이 발생한다. 적지 않은 액수이기에 사건의 파급력은 어마어마했고, 조직의 내부 분위기 또한 무겁게 가라앉았다. 그러나 이 일로 인해 불리온 사업 자체가 중단되는 것은 막아야 했기에 한국조폐공사는 전사 TF를 구성하여 사건의 원인을 밝히고, 다시는 이런 일이 일어나지 않도록 대금 결제 방법을 후불에서 발주 시 완납으로 100% 전환하는 등 대책을 수립하는 것에 몰두하였다. 그렇게 1년여간의 재정비 시기를 거쳐 2021년 12월, 새로운 불리온 메달 시리즈를 시장에 내놓으며 다시 사업을 추진할 수 있었고 다행히 별문제 없이 꾸준히 매년 새로운 시리즈를 출시하여 현재에 이르고 있다. 그동안 한국조폐공사는 반려동물 시리즈, 요판화가 결합된 세계 명화 시리즈 등 새로운 시도를 지속하며 과거 실패의 그늘에서 점차 벗어나고 있다. 또한, 단순한 판매자 역할을 넘어 건전하고 안전한 불리온 시장 생태계 조성을 위해 새로운 시도를 계획하고 있는데, 민간 기업을 포함한 시장 관계자들이 모두 참여하는 2차 유통 시장의 육성이 그것이다. 수집과 경매 등 2차 유통 시장이 활발한 해외와 달리 국내 귀금속 메카인 종로에서조차 금값 정도의 가치만 인정받는 현실을 바꾸기 위해서다.

서울 지하철 6호선 광흥창역 인근에 위치한 한국조폐공사 상설 매장인 한국조폐공사 화폐 제품 판매관을 거점으로 일반 시민들도 다양한 제품을 직접 눈으로 보고 즐길 수 있도록 제품을 전시하는 별도 공간을 마련하였고, 추후 주기적으로 2차 경매도 진행할 계획이다.

금 거래 질서 확립을
위하여

중세 연금술부터 미국 서부 개척 시대의 골드러시에 이르기까지 시대를 막론하고 금에 대한 인간의 욕망은 끝이 없었다. 금은 가치가 높고, 언제든지 현금화가 가능해 불법의 대상이 되기 쉬운 데다 가품이나 함량 미달의 제품으로 인한 국민의 피해도 끊임없이 발생하고 있었다.

국내 금 시장의 경우에도 상당량이 '함량 미달'임에도 '순금'으로 둔갑해 유통되고 있는 것으로 파악됐다. 또한, 2013년 금융위원회 조사에 따르면 금 거래 양성화를 위한 정부의 노력에도 불구하고 국내 시장 규모 110~120톤 가운데 60~70% 정도가 현금 거래를 통해 부가가치세를 내지 않는 것으로 추정되었다. 이로 인한 탈세 규모가 약 3,300억 원으로 추산돼 국가 세수에도 악영향을 미치고 있었다.

오롯 골드바	KRX금시장 개장식

한국조폐공사는 이와 같은 문제를 해결하기 위해 2014년부터 금 시장에 진출하였다. 무엇보다 글로벌 수준의 위변조 방지 및 품질 인증 기술을 갖추고 있어 사업 타당성과 성공 가능성이 큰 것으로 분석됐다. 위조가 어려운 정품·정량의 골드바를 시장에 공급하고자 순도 분석과 중량 검사를 진행했고, 고객의 기대치를 충족시킬 수 있는 높은 품질의 '오롯 골드바'를 세상에 내놓게 되었다.

때마침 2014년 3월 정부가 금 거래 양성화를 위해 한국거래소 KRX에 금 현물 시장인 'KRX 금시장'을 개설하였는데 한국조폐공사 는 품질 인증 기관으로 지정돼 참여하게 되었다. 이로써 금 거래 양 성화와 유통 질서 확립에 기여할 수 있는 계기가 마련되었다.

KRX금시장은 개장 이후 거래 규모가 큰 폭으로 증가하여 2024년 10월 기준으로 거래량은 18.4톤, 거래대금은 1조 9,634억 원 을 기록했다.

한국조폐공사는 골드바 사업을 추진하면서 모든 이해관계자에게 도움이 되고자 한다. 금은방이나 금융권 등 판매 창구는 한국조폐공사가 품질을 보증하는 골드바를 취급할 수 있고, 소비자는 믿을 수 있는 제품을 합리적인 가격에 구입할 수 있다. 더불어 한국조폐공사가 유일하게 품질 인증 기관으로 참여하는 KRX금시장에서 골드바를 거래함으로써 국가는 지하에서 이루어지던 금 거래를 양성화하고, 부가세 세수 증대를 기대할 수 있는 장점이 있다.

골드바를 구입할 때 가장 유의하여야 할 점은 시중에서 판매하는 골드바가 싸다고 이를 무턱대고 사서는 안 된다는 것이다. 골드바 중량과 순도를 믿을 수 있는 판매자인지를 잘 살펴보고 구매하는 것이 개인의 소중한 재산을 지키는 방법이다.

그런 점에서 한국조폐공사가 판매하는 오롯 골드바는 확실한 신뢰를 보장한다. 순도 99.99%의 포나인four nine으로 불순물이 0.01% 미만 함유된 최상급 품질의 골드바이다. 높은 순도만큼이나 중량도 정확한데 소수점 셋째 자리까지 측정할 수 있는 정밀 전자저울로 검사한 뒤 합격한 제품만 판매한다.

이뿐만이 아니라 위변조를 막기 위해 보는 각도에 따라 다르게

오롯 골드바 / 특수 잠상 기법 이미지

보이는 특수 잠상潛像 기법을 적용하였다. 한쪽 면을 들어서 보면 금을 뜻하는 원소기호인 'Au'가 나타나고, 각도를 달리해 보면 순도를 나타내는 '9999' 문자가 나타나 사실상 위변조가 불가능하다.

한국조폐공사는 오롯 골드바가 금 거래 질서를 확립하는 데 일조하기 위해서는 소비자가 보다 쉽고 편리하게 구매할 수 있도록 하는 것이 중요하다고 판단하였다. 그래서 유통 채널 확대에 힘을 쏟고, 오롯 골드바의 인지도를 높이기 위한 마케팅 및 홍보에 집중했다.

먼저 출시 초기에는 각종 금융기관을 판매 채널로 확보하고자 했는데 귀금속 도매상이 주요 은행에 판매망을 구축하고 있어 쉽지 않았다. 그래서 먼저 광주은행, 전북은행 등 지방은행 고객 가운데 골드바 수요가 많은 자산가들을 대상으로 삼았고 이후 판매 채널을 확대해 2025년 1월 기준 국민은행, 기업은행, 농협은행, 우리은행, 하나은행 등 9개 은행과 3개 증권사 그리고 우정사업본부로까지 다양화했다.

그러나 시장의 반응이 호의적이기만 한 것은 아니었다. 소매상 가운데 거래량이 가장 많은 종로 귀금속 시장의 경우 한국조폐공사의 시장 진출로 인해 매출이 감소할 것을 우려해 부정적인 시선을 보냈다. 하지만 불량 금에 대한 소비자 불신을 제거하면 오히려 시장 규모가 더욱 커질 것이라고 수차례 설득하고, 상생 협력 협약을 체결해 실천 의지를 확고히 보여줌으로써 결국 소매상들의 마음을 돌릴 수 있었다.

이어 귀금속 단체와 상생 협력을 추진하고자 2014년 9월에는 한국금협회와 동반 성장 협약을 체결하고, 판매 채널을 30여 개에서 200여 개 지점으로 확대했다. 이어서 2015년 6월에는 국내 최대 귀금속 단체인 사단법인 한국귀금속판매업중앙회와 동반 성장 협약을 체결하였다. 이로써 동네 금은방에서도 오롯 골드바를 구입할 수 있게 되어 소비자 입장에서는 더욱 편리해졌다.

무엇보다 한국조폐공사 오롯 골드바 유통을 계기로 골목 상권의 판매 경쟁력이 강화되었고, 소비자 신뢰 회복과 금 거래 질서 확립에 힘을 보탠 것이 큰 성과라 하겠다.

해외에서 발행된 김연아 선수 기념주화

2010년 밴쿠버 겨울 올림픽에서 금메달을 따며 국민에게 감동을 안겼던 피겨 여왕 김연아 선수. 우아한 자태와 완벽한 연기는 전 세계적으로 이슈가 되었다. 그 김연아 선수를 주제로 기념주화가 나온다는 소식이 전해지자 세간의 주목을 끌었다. 하지만 기대와 달리 출시 후 언론에서 큰 논란이 일었다. 기념주화의 제작이 남태평양 섬나라 투발루의 명의로 호주 퍼스 조폐국에서 이뤄졌기 때문이다. 주화의 액면가에는 원화가 아닌 달러화가, 뒷면에는 엘리자베스 2세의 초상이 새겨진 외국 화폐였다.

사실 이외에도 한국을 소재로 한 기념주화가 해외에서 발행된 사례는 더 있다. 고故 김수환 추기경 기념주화는 아프리카 라이베리아에서 만들어져 국내로 역수입되었다. 한국인에게 의미가 남다른 독도 기념주화도 해외에서 발행되었다. 이들 주화의 뒷면에는 해외 중앙은행의 명칭이 박혀 있어, 일각에서는 "기념주화에 새겨진 인물들의 국가 정체성까지 의심될 수 있다"는 논란이 일었다.

한국을 상징하는 소재의 기념주화가 해외에서 발행된 사유는 당시 한국은행법상 기념화폐의 발행 근거를 명확히 하는 조항이 없었기 때문이다. 모든 화폐의 발행은 한국은행의 고유 권한이지만, 명확하게 규정된 기념화폐 발행 사유나 주제가 없다 보니, 한국은행에서 특정 생존 인물의 기념주화 발행을 거절하자 판매 주관 기관 측은 해외 조폐국을 통해 주화를 제조할 수밖에 없었고, 결국 한국의 상징적 인물이 해외 화폐로 둔갑하는 웃지 못할 상황이 발생한 것이다.

김연아 기념주화를 계기로 기념주화 발행에 대한 개선 요구가 높아졌다. 우리나라의 역사와 문화, 인물들을 세계에 알림으로써 자긍심을 높일 수 있는 기념화폐의 발행 목적을 잘 살릴 수 있도록 관련 법이 개정돼야 한다는 여론이 제기되었다.

그 결과 기념화폐 발행과 관련된 한국은행법 개정안이 잇따라 국회에 제출되었고, 2012년 개정을 통해 "널리 업적을 기릴 필요가 있는 인물, 국내외적으로 뜻깊은 사건 또는 행사, 문화재" 등을 기념할 수 있도록 규정되면서 국내 기념화폐 발행 주제가 조금 더 다양해질 수 있는 발판이 마련되었다.

Chapter 7

해외 신시장 개척,
글로벌 빅5를 향하여

매출 1조 달성을 위한
수출 확대

화폐 수출의 시작과 필요성

한국조폐공사의 첫 해외 시장 진출은 1970년 5월로 거슬러 올라간다. 고급 주류에 붙이는 납세필 증지와 비슷한 소비세 증지를 태국에 수출하면서부터다.

그 이후, 은행권 제조에 필요한 용지를 태국, 필리핀, 중국, 인도네시아에 수출하였고, 아르헨티나, 필리핀, 인도, 리비아, 태국으로 주화도 수출하였다. 특수 인쇄까지 마친 은행권의 최초 수출은 1993년 방글라데시 50타카로서 그 수량은 총 2억 200만 장에 달했다.

2000년대 중반의 신은행권 발행에 즈음하여, 2006년부터 수년간 한국조폐공사는 4종(천 원·오천 원·만 원·오만 원) 은행권을 신규로

방글라데시 50타카	필리핀 25센티모

발행하는 대형 국가 사업에 역량을 집중하게 된다. 신은행권을 대량 공급하는 이 시기에 발행량은 급증했으며 2007년에는 연간 최대 20억 장에 다다랐다.

하지만 2009년에 오만 원권이 발행되고 이듬해인 2010년에는 전체 물량이 5억 장 수준으로 급감하게 되었다. 또한, 오만 원권은 10만 원 수표 수요를 대체해 수표 사업 규모를 더욱 빠르게 감소시켰다. 은행권과 수표라는 한국조폐공사의 대표 사업들이 이제 정점을 지나 내리막에 접어든 것이다.

오만 원권의 등장이 한국조폐공사의 사업 구조를 근본적으로 변화시키는 일종의 방아쇠 역할을 한 것이다. 경기와 화폐 수요에 따라 화폐 발행량은 매년 변동되지만 감소 추세는 돌이킬 수 없게 되었다.

수출은 생존을 위한 시도

상황이 이대로 진행되면 한국조폐공사의 미래는 어두웠다. 새로운 성장 모멘텀을 찾지 못한다면 주력 사업이 더 빠른 속도로 감소하여 존립조차 어려운 처지가 될 수도 있었다.

화폐·수표 사업 감소에 대응해 한국조폐공사가 선택한 것은 해외 시장 공략이었다. 국내와 다르게 해외의 화폐 시장은 여전히 안정적으로 성장하고 있었고, 특히 지근거리에 있는 중국의 화폐 수입물량이 막대했다. 또 한국조폐공사가 'Banknote conference' 등 각국의 중앙은행이 참여하는 국제 화폐 산업 네트워크에 참여하고 있었으므로 마케팅에서 활용할 만했다. 잉크 수출도 해볼 만한 기회가 있었다. 화폐 전용 잉크 시장은 스위스 업체가 전 세계 시장을 독점하고 있었는데, 한국은 직접 생산해서 쓰는 몇 안 되는 나라였기 때문이다.

2010년 당시 한국조폐공사는 양자택일의 상황에서 매우 야심 차게 2020년에는 매출 1조 원, 글로벌 빅5의 조폐 기관이 되겠다는 목표를 선언했다. 국내는 기본 사업과 디지털 관련 미래 사업으로 7,000억 원, 해외 시장에서는 3,000억 원을 목표로 설정했다. 당시 해외 사업 규모가 약 320억 원 이었으므로 해외 수출을 약 10배 정도 늘리자는 목표를 세운 것이다.

한국조폐공사가 해외 사업을 추진하는 데 부족한 점도 많았다. 해외 사업 전문 인력이 부족했고, 주도적으로 시장을 개척해본 경험이 없었으며, 해외 시장에 대한 정보도 충분하지 않았다. 이것을 보완하기 위해 대규모 조직 개편과 인력 채용을 단행했다. 우선 2팀이던 해외 사업 조직을 2단, 6팀으로 확대 개편하였다. S기업 출신의 수출 전문가를 해외사업이사로 선임하여 수출을 진두지휘하게 했으며, 외국어 능력과 글로벌 마인드를 갖춘 해외 사업 전문 인력도 대폭 보강했다.

또한, 해외 영업 조직과 주재원이 없는 약점을 보완하기 위해 유능한 대리인 발굴에 집중하였으며, 각 나라의 중앙은행, 조폐 기관 등과 관련 국제 회의체를 통해 네트워크를 형성하여 인맥을 쌓아나갔다.

해외 사업에 집중하고 조직과 인력을 투입한 결과, 사업 규모는 커지고 수출 국가가 다양해졌다. 2012년에 430억 원, 2013년에는 440억 원으로 해외 사업 매출이 증가했다.

그 기간 페루 은행권, 태국 및 리비아 주화, 중국 및 인도네시아 은행권 용지 수출을 연이어 성공하였다. 세계 유수 은행권 업체들을 제치고 50솔 페루 은행권 3억 5,000만 장을 수주하여 남미까지 수출 영역을 확장했다. 인도네시아 은행권 용지는 약 1,500톤에 달했는데 이는 한국조폐공사 제지본부 생산 현장 110일의 작업 일수에 해당하는 물량이었다.

수출 품목 다변화의 가능성을 확인하기도 했다. 2012년 은행권 제조에 사용 가능한 특수 잉크를 일본 T사에 3톤 공급하며 특수 잉크의 레퍼런스를 확보한 것이다. 특수 잉크의 경우 규격이 까다로워 세계적으로도 공급 가능한 기관이 민간을 포함해도 극소수인 상황이었다. 그렇기 때문에 한국조폐공사의 특수 잉크 수출은 더 많은 기회를 가지고 있다는 의미이기도 했다.

2014년 12월, 한국조폐공사는 '오천만 불 수출의 탑'을 수상했다. 2013년 7월 1일부터 2014년 6월 31일까지 5,039만 달러 수출을 달성하였는데, 리비아 주화 1,116만 달러, 태국 주화 941만 달러, 페루 은행권 932만 달러가 큰 기여를 하였다.

2016년에는 ID 사업도 수출을 시작한다. 한국국제협력단KOICA과 함께 키르기스스탄 정부에 전자주민카드 공급 및 발급 시스템 구축 계약을 체결하며 한국조폐공사 ID 제품 수출에 첫발을 내딛게 된다. 전자주민카드 190만 장과 카드 발급 시스템을 포함해 약 106억 원 규모였다.

수출 사업에서의 장벽

수출 사업의 확장은 여기까지였다. 과도해지는 글로벌 시장 경쟁으로 수출은 점점 레드오션으로 변해갔다. 폭발적 성장을 하면서 한국조폐공사의 주요 수요처였던 중국이 제지 공장을 증설하면서 연간 3만 톤 이상의 용지 시장이 사라지게 되었다. 중국에 화폐 용지를 공급하던 다른 조폐 기관들도 같이 기회를 잃었고, 시장 여건은 크게 악화됐다. 용지 수입이 두 번째로 많았던 인도네시아 시장은 가격 경쟁과 덤핑 입찰이 난무하는 글로벌 용지 업체들의 격전지가 되어갔다. 시장이 악화되자 수출은 적자 사업이 되었다. 공급자가 소수라 매력이 있는 화폐용 잉크 사업도 쉽지 않았다. 이집트에서 사전 품질 테스트P.Q를 통과해 입찰에 참가하였지만 기존 업체가 규모의 경제에 기반해 전략적으로 가격을 책정했다. 잉크 시장에서도 높은 진입장벽을 실감하게 되었고 사업 진전은 어려웠다.

전례 없는 조직 개편과 인력 투입으로 야심 차게 시작된 이 시기의 해외 신시장 개척은, 구성원들과 조직에게 시장을 개척할 수 있다는 경험을 주었지만, 기존 시장에서는 경쟁력이 더 필요하고 새로운 아이템이나, 특별한 시장 기회를 만들지 못하면 해외 사업이 쉽지 않다는 것을 확인하게 됐다.

해외에도 한국조폐공사가?
우즈베키스탄 GKD

해외 자회사 설립

한국조폐공사는 화폐의 원재료로 사용되는 면 펄프를 수급하기 위해 2010년 우즈베키스탄에 자회사 GKD를 설립했다. 대우인터내셔널(현재 포스코인터내셔널)과 합작해 투자한 자본금은 1,100만 달러이다. 당시 대우그룹은 파산했으나, 우즈베키스탄에서는 여전히 최고 수준의 위상을 가지고 있었기에 사명으로 GKDGLOBAL KOMSCO DAEWOO라는 이름을 정했다.

우즈베키스탄은 면화 생산에서 세계 6위, 수출에서는 세계 2위 국가이고, 면화가 수출액의 20%를 점유할 만큼 생산량이 풍부하다. 우리나라가 우즈베키스탄에서 수입하는 품목도 대부분 면화와 관련된 것으로 2위가 면사綿絲, 3위가 천연섬유 원료, 4위가 순면직

물이다. 한국조폐공사 입장에서 우즈벡 진출은 은행권 생산을 위해 안정적으로 면 펄프를 공급받고, 나머지는 수출하기 위한 선택이었다.

GKD 시작부터 본격적 위기

사업은 시작부터 곤경에 처했다. 2011년 설비를 보완하고 그해 말부터 가동을 시작했으나, 약 270만 달러의 적자가 발생했고, 2012년에는 적자 규모가 600만 달러가 넘었다. 한 해에 자본금의 절반이 넘는 규모로 적자가 났고, 완전 자본 잠식 상태에 가까워졌다.

고객은 용도와 공정에 맞게 각기 다른 품질 기준을 요구하는데,

GKD 초기 경영 현황						(단위: 천 달러, 톤)
구 분	2011	2012	2013	2014	2015	2016
매출액	4,989	8,090	13,825	10,098	13,176	18,061
당기순이익	−2,723	−6,136	−421	222	783	1,109
제품 생산량	580	3,321	5,520	6,640	8,361	10,203

새로 품질 기준을 맞출 때마다 장치 산업은 상당한 비용과 시간이
소요된다. 제품 개발 기간과 위험성을 충분히 고려하지 않았기 때
문에 빠르게 자금이 말라갔다.

위기에 대한 긴급 처방

2012년 한국조폐공사는 현지 진단을 시행한 이후, 사업 계획을
재검토했다. 현지 비용도 줄이고, 수출 업무의 편의를 위해 해외 마
케팅도 모기업이 대신하는 것으로 바꿨다.

2013년 약 1년 동안 설비를 개선하고, 설비 가동이 안정화되면서
품질도 빠르게 잡혔다. 그러나 마케팅에는 시간이 좀 더 걸렸다. 소
재 산업은 특성상 1개 고객사를 확보하는 데 시간이 많이 걸린다.
대신 한번 고객이 되면 쉽게 빠져나가지는 않는 이점은 있다.

소재 산업 영업은 시간이 많이 걸려

2014년 상반기까지 시장 조사를 마치고, 수입 물량이 많고 단가가 높은 국가를 대상으로 마케팅을 했다. 하반기에는 수출 담당 이사와 실무 직원이 약 1개월 가까이 유럽과 아시아를 순회하면서 고객 미팅을 했다.

유럽-아시아 순방 출장 이후 고객사들은 적극적으로 시험 구매를 진행했고, GKD는 여러 수요처의 규격에 맞는 제품 개발과 공급을 진행했다. 신규 화학용 면 펄프 제품을 개발하는 등 품목을 다변화하여 새로운 고객을 발굴했다. 2014년부터 GKD의 당기순이익이 흑자로 전환됐고, 이후 본격적으로 성장해 매년 흑자 폭이 증가했다. 흑자로 벌어들인 돈의 상당 부분은 설립 이후 GKD가 현지 정부에서 인수한 부지와 공장 대금 1,920만 달러를 갚는 데 쓰였고, 2019년에 완전하게 상환했다.

코로나로부터 다시 시작된 위기

그러나 2020년부터 다시 악재가 시작됐다. 코로나 팬데믹으로 생산과 물류에 어려움을 겪었고, 설상가상으로 화재가 발생하여 자재 창고에 보관 중이던 대부분의 린터(면화의 일종)가 불에 타는 사태가 발생했다. 당시 GKD 직원들이 소방 당국과 함께 한마음 한뜻으로 화재 진화에 적극 나섰다. 보험으로 원자재 손실은 보상받을 수 있었지만, 생산 차질은 손실로 감당할 수밖에 없었다.

2022년 2월 발생한 러시아-우크라이나 전쟁은 더 큰 어려움이 됐다. 전쟁으로 원자재 가격이 폭등했다. 특히 전쟁 지역에서 가까운 현지 시세는 국제 시세보다 훨씬 높게 형성됐다. 하루가 다르게 가격이 치솟으니 현지에서는 매일매일 필요 물량을 구매하기 위해 우즈벡 전국을 뛰어다녀야 했다. 2023년에는 이례적 혹한기로 인해 에너지 공급이 중단되는 등 위기를 맞아 사업과 생산에 모두 차질이 생겼다. 영업이익도 감소하여 급기야 2023년 당기순이익이 마이너스까지 떨어졌다.

위기의 극복과 경영 정상화

다행히 최근 들어 GKD 경영과 지원 체제를 정비하면서 경영 상황은 개선되고 있다. 국제 시세 모니터링을 통해 현지 가격 하락 시 구매량을 확대하여 최적 가격으로 원자재 확보에 성공했다.

그리하여 2024년 상반기에 이미 연간 생산 목표의 93%를 수주하였을 뿐만 아니라 유럽 소재 I국 등 신규 고객을 발굴하는 등 역대 상반기 기준 면 펄프 최대 생산량과 최대 매출액 기록을 달성했다.

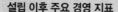

설립 이후 주요 경영 지표

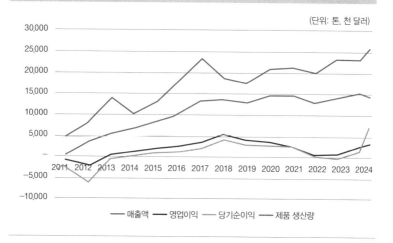

(단위: 톤, 천 달러)

— 매출액 — 영업이익 — 당기순이익 — 제품 생산량

현재 한국조폐공사는 화폐 제조에 필요한 원료를 안정적으로 확보하고, 자회사의 제품을 수출해 수익을 올리는 두 가지 목표를 함께 달성하고 있다.

PART 3

제조를 넘어
ICT·문화·수출 기업으로

Chapter 8

조폐를 산업으로
재창조하자

한국조폐공사는 위변조 방지 기술과 압인 기술을 바탕으로 전통의 제조 기업에서 ICT·수출·문화 기업으로 진화하고자 한다.

아델, 메탈리카, 린킨 파크 등 미국 빌보드 차트를 휩쓴 가수들의 앨범을 제작한 유명 프로듀서 릭 루빈은 "실패는 원하는 곳으로 가기 위해 필요한 정보"라고 했다.

한국조폐공사는 말한다. "실패해줘서 고마워요."

목표가 분명하고 이를 달성하기 위해 멈추지 않고 도전하는 사람에게 실패는 그저 무의미한 것이 아니다. 실패 경험에서 성공의 실마리를 찾을 수 있기 때문이다.

한국조폐공사도 화폐 사용 감소에 즈음하여 10년 넘게 사업 전환을 준비하며 크고 작은 성공과 실패를 경험했다. 화폐 제조 역량을 활용한 사업 다각화로 매출 감소는 둔화시켰지만 이를 막지는 못했다. 매출액은 2021년 5,506억 원, 2022년 4,933억 원, 2023년 4,447억 원으로 매년 500억 원 정도 줄어들었고 영업이익은 2020년에 142억 원 적자를 기록했다가 다음 해부터 흑자로 전환했지만 주로 경비 절감을 통한 것이었다.

그동안의 경험에서 두 가지 큰 교훈을 얻었다. ① 과거, 현재, 미래를 연결하는 사업 전환의 큰 그림이 부족했고 ② 기존의 사업만으로 위기 돌파가 어려웠기에 새로운 사업이 필요했다. 세상은 선풍기를 거쳐 에어컨으로 넘어갔는데 어떻게 부채를 예쁘게 만들면 잘 팔릴까를 고민하는 것과 비슷했다. 부채에 장식을 달거나 유명한 화가의 그림을 넣어보기도 했지만, 한계가 있었고 결국 새로운 관점에서 미래를 다시 설계해야 의미 있는 진전이 있을 것이라는 결론에 이르렀다. 그래서 한국조폐공사는 앞선 실패에서 사업 전환의 길을 찾기로 했다.

새롭게 그린 큰 그림의 주제는 '조폐를 산업으로 재창조하기'이다. 여기에서 '조폐'는 70여 년간 화폐를 만들면서 쌓인 '한국조폐공사의 기술'을 의미한다. 한국조폐공사는 지금까지 사업을 다각화하면서 화폐와 신분증에 적용되는 위변조 방지 기술을 디지털 분야로 확장했고, 최고 수준의 압인·세공 기술까지 보유하고 있다. 이를 바탕으로 제조 부문을 강화하고, ICT·문화·수출 기업으로 진화하고자 한다.

이를 위해 먼저 제조 부문의 스마트화를 추진하고자 한다. 공장 가동률 저하로 어려움을 겪고 있는 제지본부를 이전하고, 스마트화해 효율성을 높이고자 한다. 그리고 공사의 보안 인쇄 기술을 활용해 국가 비밀문서를 인쇄함으로써 보안성을 강화하고자 한다.

위변조 방지 기술(전자 여권)	압인 기술(기념주화)

출처: 한국조폐공사

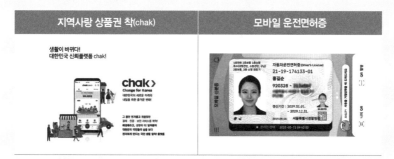

지역사랑 상품권 착(chak)	모바일 운전면허증

출처: 한국조폐공사

다음으로 ICT 전문 기업으로의 진화를 꾀하고자 한다. 한국조폐공사가 ICT 사업에 발을 들인 지 꽤 오래되었음에도 잘 모르는 사람이 많다. 그동안 지역사랑 상품권 플랫폼인 착chak 을 운영해왔고, 거기다 공무원증, 운전면허증, 국가보훈증의 모바일화를 마쳤다. 앞으로 온누리상품권 통합 사업을 성공적으로 수행함으로써, 착chak 의 지역 결제망이라는 한계를 극복하고 주민등록증 등 7대 국가 신분증을 모두 모바일화함으로써 ICT 기업으로 성장할 것이다.

아울러 문화 기업으로의 전환을 지향한다. 우리나라는 1990년대

불리온 메달	요판화

출처: 한국조폐공사

면 펄프	보안 잉크

출처: 한국조폐공사

말 드라마를 시작으로 불과 30년 만에 K-POP과 〈기생충〉, 〈오징어 게임〉 등 우수한 콘텐츠로 세계적인 문화 강국이 되었다. 국민 역시 소득과 생활 수준이 향상되면서 더 높은 수준의 문화를 향유하고 싶어 한다. 한국조폐공사는 그간 제품에 녹여낸 예술성을 더욱 발전시켜 새로운 사업을 추진하고자 한다. 불리온 메달의 실패 경험에서 재탄생한 예술형 주화, 화폐 기술을 활용한 요판화, 화폐 부산물을 활용한 화폐 굿즈 사업이 그것이다. 이제 곧 소장하고 싶고, 감상할 수 있는 '작품 같은 제품'을 만날 수 있다.

마지막은 수출 기업으로 성장하는 것이다. 한국조폐공사는 1970년부터 2021년까지 47개국에 7억 4,670만 달러의 제품을 수출하였지만, 수익성이 높지 않아 실패했었다. 이 경험을 바탕으로 화폐 제조의 핵심 원료인 면 펄프나 잉크, 안료 등 고부가가치 제품을 수출하고자 한다. 여기에 더해 대한민국 국가 신분증의 모바일화를 넘어 필리핀 등의 국가 신분증 공급을 활발히 추진하여 수출 기업으로 발전할 것이다.

한국조폐공사 사업 전환 체계도

제조 사업	ICT 사업	수출 사업	문화 사업
전자 여권 수표·우표 훈장 골드바	IoT 보안 모듈 브랜드 보호 상품권 신분증	은행권 유통 주화 보안 용지	기념 주화 기념 메달
보유 역량 활용 비밀문서 인쇄 As-is 제조 기업 To-Be ICT 기업 수출 기업 문화 기업	디지털 융복합 CBDC 통합형 온누리상품권 지류 카드 모바일 지역사랑 상품권 모바일 신분증	고부가가치화 특수 안료 특수 잉크 모바일 신분증 수출 면 펄프	문화/예술 접목 화폐 굿즈 화폐 요판화 예술형 주화

조폐가 산업이 되고, 더 나아가 산업 생태계를 이룬다는 것은 단순히 한국조폐공사만의 성장과 발전을 의미하는 것이 아니다. 함께 해온 협력 업체, 관련 산업이 더불어 성장하는 기회를 제공하는 것이다.

이 장에서는 조폐를 산업으로 재창조하기 위한 한국조폐공사의 미래상을 담은 사업 전환 체계를 중점적으로 알아보겠다.

비밀문서는
보안 전문 기업에게

한국조폐공사는 화폐 제조 기술을 적용해 국가의 중요 비밀문서를 발간할 예정이며, 이를 통해 보안 인쇄 사업의 지평을 넓혀갈 것이다.

정부는 전시, 사변 또는 이에 준하는 비상시에 능동적으로 대처하기 위해 평시에 비상 대비 계획을 마련해두고, 유사시 이에 따른 조치를 준비하고 있다. 여기에는 국가 안보와 국민의 안전 보장을 위한 세부적인 내용이 포함되어 있는데, 예를 들면 전쟁으로 인한 국가비상사태 선포 시 정부와 지자체, 공공기관 등이 어떻게 대응할지, 군사작전 지원은 어떻게 할지, 국민 생활 안정을 위해 생필품이나 전기 및 수도를 어떻게 공급할지 등이 자세히 기술돼 있다.

비상 대비 계획이 적성 국가나 일반에 유출되면 국가 안보 위협, 외교적 갈등과 고립, 정부 신뢰도 하락, 경제적 손실 등 국가와 국민에게 심각한 피해를 초래할 수 있어 철저한 보안 관리가 필요하다. 그래서 비상 대비 계획은 비밀로 분류해 인가받은 사람 이외에는 열람조차 할 수 없도록 하고 있다.

그동안 비밀문서는 정부로부터 인가받은 민간 인쇄 업체에서 발간해왔고, 그 수는 전국적으로 수십여 개에 이르렀다. 하지만 최근 서버 해킹, 시스템의 보안 취약성, 비밀 발간 업체의 부주의한 관리 등으로 비밀문서 유출 사고가 발생해 큰 위험에 노출되었다. 이를 방지하기 위해서는 해킹 방지를 위한 보안 시스템 구축 등이 필요하지만 인쇄 업체 상당수가 영세한 규모이다 보니 쉽지 않은 실정이었다.

이에 정부는 보안 유지가 철저한 새 발간 업체를 물색하게 되었고 화폐, 여권, 수표 등 각종 보안 인쇄 제품을 제조하는 한국조폐공사가 적격인 것으로 판단하였다. 한국조폐공사가 비밀문서 발간에 적합한 이유는 다음과 같다.

첫째, 한국조폐공사에서 보안 인쇄를 담당하는 화폐본부는 국내에서 가장 높은 수준의 보안 등급인 '가'급 국가 보안 시설로 지정되어 있다. 이곳은 이중으로 된 담장이 둘러쳐 있고, 담장에는 수백 대의 CCTV와 각종 센서가 설치돼 경비 인력이 24시간 모니터링하고 있다. 곳곳에 경비 인력이 상주하고, 중요 이동 통로마다 출입 통제 게이트가 설치돼 있다. 특히, 인쇄 작업장은 인가된 직원만 출입할 수 있어 한국조폐공사 직원이라도 아무나 드나들 수 없다. 게다가 비상 상황이 발생하면 인근 경찰, 군부대가 출동하게 돼 있어 그

어떤 곳보다 보안이 철저하다. 또한 민간 업체의 경우 다수가 참여하면서 보안 관리가 어려웠다면 한국조폐공사는 한 곳에서 작업이 이뤄지기 때문에 훨씬 쉽게 관리할 수 있다는 장점도 있다.

둘째, 한국조폐공사의 철저한 수량 관리 체계이다. 잘 알려지지 않은 사실이지만 화폐나 수표를 제조할 때 단 한 장이라도 모자라면 모든 직원이 퇴근하지 않은 채 다시 숫자를 확인하도록 돼 있다. 이것은 지난 70여 년간 고수해온 원칙이자 앞으로도 변치 않을 기준이다. 그뿐만 아니라 제조 과정에서 발생한 불량품 수량까지 철저히 관리한 후에 마지막에는 전부 소각해 어떠한 것도 외부로 나가지 않도록 하고 있다.

셋째, 한국조폐공사는 화폐 등 보안 제품을 생산하면서 최고 수준의 위변조 방지 기술을 가지고 있다. 국내외 250여 개의 보안 기술 특허를 보유하고 있어 비밀문서에 이를 적용할 수 있다. 복사하면 '사본'이라는 글씨가 나타나게 하는 간단한 기술부터 화폐나 수표 등에 쓰이는 숨은 그림, 홀로그램 등 다양한 기술을 적용할 수 있다.

마지막으로 한국조폐공사 직원들의 철저한 보안 의식이다. 아무리 경비가 삼엄하고, 보안 시스템이 잘 갖춰져 있어도 사람이 나쁜 마음을 먹으면 막기가 쉽지 않다. "황금 보기를 돌같이 하라"는 말이 있듯이 한국조폐공사 직원들은 화폐를 돈으로 보지 않고 그냥 '물건'으로 인식하도록 철저히 교육받아 왔다. 한국조폐공사 직원은 회사가 만드는 것은 무엇이든 재산적 가치가 아닌 제품으로 인식해 이를 유출해 이익을 얻으면 안 된다는 생각이 머릿속에 깊이 각인돼 있다.

이러한 이유로 정부는 한국조폐공사가 비밀문서 발간을 담당할 기관으로 제격이라 판단한 것이다. 한국조폐공사는 비밀문서의 인쇄부터 공급까지 모든 과정을 '화폐 제조'와 같은 수준으로 관리해 보안 사고 발생 우려를 불식시킬 계획이다.

아울러 그간 비밀문서 발간을 담당했던 민간 업체가 겪게 될 경제적 어려움을 고려해 대비 기간을 두고 2026년부터 사업을 시작할 예정이다.

한국조폐공사 비밀문서 발간·배송 프로세스(안)

'정부 비밀문서' 발간~배송 전 주기는 '화폐 제조'와 동급 수준 보안 관리

접수 파기	비밀문서 발간	비밀문서 보관	보안 배송	손품 소각
비밀 정보망 송수신 보안 USB 체계 비밀 정보 파기 관리 기록부	비밀 작업장 전담 인원 편성 비밀 전용망 보안 기술	금고형 제품 창고 손품 전용 창고 보안 전문가 운용 보안 관리 규정	현금 배송 체계 특수 보안 차량 전문 호송 운영	손품 규정 준수 손품 대장 운용 손품 소각 손품 결과 보고

미룰 수 없는 숙제, 제지부문 스마트화

한국조폐공사에는 아픈 손가락이 있다. 화폐 수요가 감소하면서 화폐 용지를 만드는 제지본부의 가동률이 20% 밑으로 떨어졌기 때문이다.

한국조폐공사는 1983년 충청남도 부여군에 제지 공장을 설립했다. 냉전 시기로 북한과의 군사적 대치와 긴장이 높았던 때였기에, 입지는 교통이 편하고 인프라가 갖춰진 대도시가 아닌 부여군, 그것도 산과 산 사이로 결정됐다. 즉, 전쟁이 나도 공습 피해가 적을 만한 곳에 자리를 잡았다. 우리가 알고 있는 한솔제지, 유한킴벌리와 같은 일반적인 상업용 제지 공장이 기반 시설이 뒷받침되는 산업단지에 위치를 둔 것과 상당히 대조적이다.

이렇게 출범한 제지본부는 연간 4,000톤 규모의 생산 능력을 가지고 지난 40여 년간 은행권, 수표, 여권, 증지 등을 위한 특수 보안 용지를 제조해왔다.

제지 공장은 일반적인 제조업과는 조금 다른 특징을 가진다. 석유화학과 같은 플랜트 산업, 즉 대규모 장치 산업이기 때문이다. 용지를 만들기 위해서 원료인 면 펄프를 물에다 푸는 작업부터 뜨거운 증기로 찌고, 얇게 펴 종이를 만드는 모든 과정이 하나의 설비에서 한꺼번에 이루어진다. 다시 말해 원료 투입부터 제품이 나오기까지 모든 기계가 동시에 가동되도록 설계돼 있다. 이 때문에 필요할 때마다 가끔 기계를 돌리면 경제성이 없고, 24시간 연속으로 가동하는 것이 낫다.

그러나 연중무휴로 돌아가던 공장도 시대 변화에 따라 가동률이 떨어지기 시작했다. 오만 원권이 나오면서 만 원권 다섯 장을 만들던 때보다 필요한 용지가 확연히 줄어들게 되었고, 자연스레 수표 용지도 덜 쓰이게 되었다.

거기다 신용카드 사용이 늘고, 모바일 결제의 보편화로 화폐 사용량이 급격히 감소하면서 제지본부는 직격탄을 맞게 되었다. 공장을 가동하려면 필수적으로 설비와 생산·관리 직원이 필요한데 생산량이 많으면 여기에 드는 비용을 제하고도 이익이 남지만 반대의

제지본부 가동률 및 직원 수

구분	2016년	2019년	2022년	2023년	2024년
생산량(톤)	3,813	3,028	1,956	1,147	688
직원 수(명)	253	248	180	157	152

경우 이익은 고사하고 비용조차 감당하기 어렵기 때문이다.

이 문제를 해결하기 위해 한국조폐공사는 10여 년 전에 제지본부를 대전 지역 산업공단으로 이전하려는 계획을 검토했었다. 공업용수 공급이 원활하고 폐수 처리 시설이 있는 산업단지로 옮기면 여러 비용을 줄일 수 있고, 설비도 적정한 이윤이 날 정도로 다시 갖추면 충분히 경쟁력이 있다고 보았다. 그러나 공기업이 다른 곳으로 빠져나가는 것을 달가워하지 않는 지역사회의 반대 등 여러 가지 이유로 결국 무산되고 말았다.

이후 사회 전반에 걸친 디지털 전환의 흐름이 급물살을 타면서 급기야 제지본부의 가동률이 20% 이하로 떨어지기에 이르렀다. 공장 설비는 그대로 가져가면서 생산량이 줄어드니 유지보수에 드는 비용, 직원 급여 등을 감안하면 사실상 남는 게 없는 상황이 되었다.

일각에서는 용지 생산을 접고 해외에서 수입해 쓰는 것이 훨씬 효율적이라는 얘기까지 나왔다. 하지만 한국조폐공사는 화폐의 디자인부터 용지와 잉크 생산, 인쇄 등 모든 과정을 직접 수행하는 세계에 몇 안 되는 종합 조폐 기관이다. 이러한 자부심을 차치하고도 특수 보안 용지 제조 기반을 상실해서는 안 된다는 것이 한국조폐공사의 생각이었다. 화폐는 국가의 상징인 만큼 제조에 필요한 어느 하나라도 다른 나라에 종속되어서는 안 된다고 보았다. 해외에 의존하게 되면 공급망 리스크를 우려하지 않을 수 없다. 세계는 코로나 팬데믹, 미·중 갈등, 러시아-우크라이나 전쟁을 거치면서 공급망 리스크를 겪지 않았던가? 특히, 우리나라는 지정학적 리스크까지 안고 있어 이를 간과할 수 없는 상황이다. 주요 선진국들이 자국에 은행권 용지 제조 기반을 유지하는 이유가 바로 이 때문이다.

그뿐만 아니라 제지본부는 은행권 용지 외에도 전자 여권과 수표, 각종 상품권 등 유가증권용 보안 용지도 함께 생산하기 때문에 공장이 문을 닫으면 정부의 대국민 서비스도 원활하게 이루어지지 못할 우려가 있기에 서둘러 대책을 마련할 필요가 있었다.

이에 한국조폐공사는 2024년 초에 전담 조직인 '제조사업발전부'를 신설하여 본격적으로 제지본부 문제 해결에 착수했다. 이후 반년간 현황에 대한 종합적 검토, 내외부 전문가 자문, 현장 인터뷰, 토론회 개최 등을 통해 제지본부 문제 해결을 위한 방향을 설정할 수 있었다. 그것은 현재의 줄어든 수요에 맞게 생산 설비와 인프라 규모를 최적화하는 것이다. 구체적으로는 공용 인프라를 활용할 수 있는 곳으로 이전하여 간접적인 비용 소요를 최소화하면서 최적화된 신규 설비 투자를 통해 경쟁력을 갖추는 것이다. 이를 위해 부여 등 지자체와의 협의, 한국은행 등 주요 이해관계자와의 대화를 추진하고 있다.

위폐 방지와 도안 변경, 새 은행권을 준비하는 이유

다른 나라는 화폐 도안을 자주 변경한다는데, 우리는 언제쯤?
한국조폐공사는 미리 준비하고 있다.

2024년 여름, 일본에서 20년 만에 은행권 3권종을 전면 교체한다는 소식이 들려왔다. 우리나라에서도 이 소식이 여러 매체를 통해 언론에 소개되면서 관심이 집중되었다. 우선, 역사적·지리적으로 우리나라와 밀접한 관계인 일본이 20년 만에 변화를 주었다는 것, 최고액권인 1만 엔권 도안 인물이 일제강점기 한반도 경제 침탈의 주역이라는 것에 관심이 쏠렸다. 더불어, 실물화폐 도안을 전면적으로 바꾼 배경도 세간의 궁금증을 자아냈다.

일본은 이번 은행권 교체를 통해 침체된 사회적 분위기를 쇄신하고, ATM, 자판기 등 관련 산업의 경기 부양과 더불어 장롱 속 잠자던 현금들이 세상 밖으로 나와 경제에 활력을 불어 넣어줄 것을 기대하고 있다고 밝혔다.

한 나라에서 은행권을 전면 교체하는 주기는 시대 변화와 국가 경제의 흐름에 맞춰 국가별로 차이가 있다. 세계적으로 위조가 제일 많은 미국의 달러는 권종별 평균 9년 수준으로 비교적 짧고, 유럽연합은 평균 14년 주기로 위변조 방지와 더불어 유럽의 정체성을 새롭게 담으려는 노력을 하고 있다.

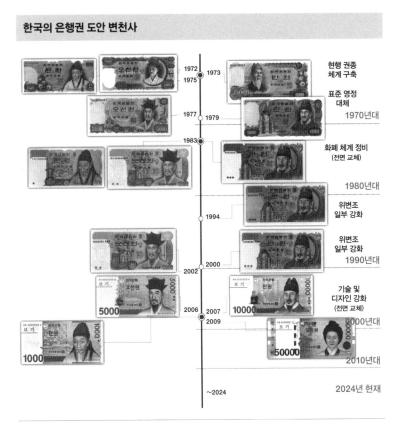

한국의 은행권 도안 변천사

우리나라에서 현재 사용하고 있는 화폐는 2006~2009년 사이에 발행되었다. 그 이전의 전면 교체는 1983년으로 23년 만에 교체된 것이다. 2006~2009년 화폐 교체는 위조 방지와 디자인 개선이라는 두 가지 목적이 있었다. 또한, 경제 규모가 확대되면서 고액권인 오만 원권이 처음 세상에 등장했다.

화폐 도안 교체 등 새로운 화폐를 만들기 위해서는 발행 결정부터 도안 소재 선정, 디자인, 시제품 작업 등 최소 2년 이상 걸리는데, 당시 약 3년 사이에 새로 나올 오만 원권을 비롯해 총 4권종을 전면 교체하면서 업무를 담당했던 한국조폐공사와 한국은행의 직원들은 우스갯소리로 "그때 내 영혼을 갈아 넣었다"라고 말하기도 했다.

그때 고생했던 직원들에게는 얼마 지나지 않은 생생한 어제 일 같겠지만, 실제로는 2024년 기준으로 15~18년 정도가 훌쩍 지나버렸다.

우리나라는 위폐 범죄가 많지 않은 국가이지만, 최근에는 SNS 등 새로운 유통 방식을 악용한 조직적인 위폐 사건이 발생하는 등 범죄 위험에 자유롭지 않은 듯하다.

그럼 우리나라도 일본처럼 화폐 도안 변경을 통해 위변조 범죄를 방지하면 될 것이라 생각할 수 있지만, 이게 말처럼 쉽지는 않다.

최근 국내 화폐 도안 변경의 필요성에 대한 논의 과정을 보면 크게 3가지 쟁점이 제기되고 있다.

첫째, 화폐 사용량이 지속적으로 감소하고 있고, CBDC(중앙은행이 발행하는 디지털 화폐)까지 연구하고 있는 시기에 굳이 화폐 도안을 바꿀 필요가 있느냐는 주장이다. 이는 우리나라에 국한된 것이 아니라 전 세계적으로 공통된, 그리고 피할 수 없는 현상이다. 그럼에도 미국, EU, 캐나다 등 주요국들은 최근에도 주기적으로 화폐 도안을 변경하고 있는데, 해당 국가들은 그 이유로 '현금 사용 선택권의 보장'을 꼽는다.

스웨덴, 영국, 뉴질랜드 등 가장 먼저 현금 없는 사회로 진입한 국가들에서는 현금 사용이 줄어들면서 ATM 기기 등 현금 공급 창구도 축소됐다. 분명 국가에서 발행한 현금(화폐)이 맞는데도 현금을 찾을 수 없고 받는 곳이 없어 돈이 있어도 쓰지 못하는 고령층 등 디지털 결제에 취약한 금융 소외 계층이 생겨나 소비 활동에 제약이 되기 시작했다. 최근 이들 국가는 오히려 다시 현금 사용을 소비자가 선택할 수 있도록 지역별 최소 ATM 기기 취급, 매장 현금 결제 의무화 등 제도를 재정비하고 있다.

우리나라도 최근 들어 현금 없는 매장, 현금 없는 버스가 점차 확대되고 있다. 우리 역시도 현금을 쓰고 싶어도 마음대로 쓸 수 없는 사회로 진입하고 있는 것이다. 현금 사용 감소와 CBDC 연구라는 시대적 변화 속에서, 우리 모두는 고민해봐야 한다. 현금을 포함한 여러 결제 수단의 선택권을 누가 갖게 하는 것이 맞는지….

두 번째 쟁점은 화폐 도안 속 인물 선정에 따른 논란이다. 오만 원권의 신사임당부터 세종대왕, 율곡 이이, 퇴계 이황 등 현재 사용되는 지폐의 도안 인물은 모두 조선 시대, 유교 문화의 대표자로 구성되어 있다. 한국의 대표적 위인으로 항상 손꼽히는 인물들이지만, 변하는 시대 상황에 맞춰 도안 인물도 바꿔가는 해외 주요국과 비교되면서 이들이 현재의 대한민국 시대상을 대표하는 인물이 맞느냐는 논란이 있다.

그렇다고 아예 근현대사 인물로 바꾸는 것은 진보와 보수 양 진영의 첨예한 대립으로 괜한 분란만 일으킬 것이란 우려도 있다. 분명 근현대사에도 대한민국 국민이라면 존경하는 인물들이 많고 개개인을 보면 모두 뛰어난 인물이지만, 적용할 수 있는 은행권 권종은 한정적이니 우선순위 싸움이 될 수 있다는 점이 우려된다.

화폐 속 인물은 우리 국민 모두가 존경할 수 있고 공감할 수 있는 인물로 선정해야 한다. 한 여론 조사 전문 기관에서 발표한 조사 결과에 따르면 한국인이 가장 존경하는 인물로 2014년, 2019년에 이어 2024년에도 충무공 이순신이 뽑혔는데, 이 때문에 지금은 잘 사용하지 않는 100원 동전 속 이순신 장군을 고액권으로 격상해야 한다는 요구가 있다.

국내 화폐 도안 변경의 마지막 쟁점은 막대한 비용 부담이다. 화폐의 도안이 변경되면 기존의 화폐 도안과 규격에 맞춰 적용된 ATM 기기와 자판기 등의 대규모 교체가 불가피하다. 이로 인해 불필요한 사회적 비용을 야기한다는 인식도 있다.

일본은 언론 보도를 통해 이러한 비용을 사회적 비용이 아닌 관련 산업 활성화 측면의 투자로 바라봤다. 국가 전체적으로 볼 때 화폐 도안 변경으로 발생할 비용을 불필요한 사회적 비용으로 볼 것인지, 산업 활성화를 위한 경제 효과로 볼 것인지 논란의 소지는 있지만, 점차 침체되고 있는 현금 취급 기기 관련 산업 입장에서 보면 분명 필요한 전환점이란 것은 부정할 수 없다. 게다가 은행권 도안 전면 교체가 아니라 2000~2002년처럼 위변조 요소만 일부 강화한다면, 소요 비용이 크게 감소할 수도 있다.

이러한 3가지 중요한 쟁점과 같이 은행권 도안 변경에 대해선 찬반 여론이 매우 다양할 것으로 예상된다. 따라서 더욱 구체적인 사회적 논의가 필요하고, 국민적 합의가 있어야 화폐 도안 변경이 가능하다고 본다.

일본은 이번 은행권에 3D 홀로그램 등 최신 기술을 도입하고, 액면 금액 크기를 키우는 등 시각장애인을 포함한 전 국민의 현금 사용 편의성을 높였다. 우리나라도 언제 은행권 도안 교체에 대한 사회적 합의가 이루어질지 모르지만, 은행권 제조를 담당하는 한국조폐공사는 전 국민이 위조 범죄에서 자유롭고, 안전하고 더욱 편리하게 사용할 수 있는 은행권을 만나볼 수 있도록 다양한 기술 개발과 연구를 지속해나갈 것이다.

세계 은행권 도안 사례

은행권 도안에 국가를 대표하는 인물을 넣는 것이 일반적인데, 정치적 업적을 강조하는 미국은 역대 대통령이나 정치가를, 입헌군주제인 영국은 국왕을 핵심으로 내세우고 있다. 또 일본이나 캐나다, 호주는 현재의 국가를 세우고 알리는 데 역할을 한 정치가, 사업가, 예술가 등의 인물을 앞세우기도 한다.

화폐의 도안 소재로 인물 초상이 많이 사용되는 이유는 국가를 상징하는 인물의 업적을 강조하면서 화폐의 품위와 신뢰를 높일 수 있다는 점 외에도, 약간만 변형되어도 사람의 표정이 달라 보이는 특징이 있어 그 자체가 위폐 식별 요소로의 효과도 있기 때문이다.

인물이 아닌 다른 소재를 쓰는 국가도 있는데, 노르웨이는 국가 경제 및 생활 터전인 바다를 모티브로 등대, 선박 등을 표현했고, 유로화는 각국의 고딕, 바로크 등 문화적 건축 양식의 문門을 내세워 유럽 내 국가의 다양한 역사와 더불어 여러 국가의 연합체로의 개방성을 강조하고 있다. 스위스는 특이하게도 사람의 손을 테마로 이용해 시간, 빛, 바람, 물, 언어 등을 형상화했다.

주요국 최근 은행권 도안 사례			
미국	100USD (2013년~)	벤저민 프랭클린 (정치가)	
영국	50GBP (2021년~)	찰스 3세 (국왕)	
일본	10,000JPY (2024년~)	시부사와 에이이치 (사업가)	
캐나다	10CAD (2018년~)	비올라 데스몬드 (여성 운동가)	
호주	100AUD (2020년~)	넬리 멜바 (가수)	
노르웨이	1000NOK (2019년~)	바다의 파도	
유럽연합	200EUR (2019년~)	아르누보 양식의 창문	
스위스	1000CHF (2019년~)	언어 (악수하는 손)	

각국은 화폐 도안 소재 선정 시 국왕과 같은 특별한 인물을 제외하고는 일반적으로 현존 인물은 피하고 있으며, 여론 조사 등을 통해 국민 의견을 수렴하여 정하고 있다.

Chapter 9
블록체인 기반의
ICT 기업으로

7대 국가 신분증이 모바일로

한국조폐공사는 운전면허증에 이어 17세 이상 모든 국민이 사용하는 주민등록증을 모바일화해 7대 국가 신분증 모두를 스마트폰에 담고자 한다.

모바일 주민등록증 도입으로 국가 신분증 모바일화 완성

한국조폐공사는 2021년 모바일 운전면허증과 2022년 모바일 국가보훈등록증 시스템 구축을 완료하였다. 이에 더해 2023년 말부터는 7대 국가 신분증의 모바일화 완성이라는 목표를 세우고 국가 대표 신분증인 주민등록증의 모바일화 사업을 준비해왔다. 우리나라 '국가 7대 신분증'에는 주민등록증을 포함하여 여권, 운전면허증, 국가보훈등록증, 장애인등록증, 청소년증, 외국인등록증이 있다.

이 중 주민등록증은 17세 이상 국민이면 누구나 소지하게 되는 대표적 신분증으로 모바일 주민등록증 서비스가 시작된다는 것은 진정한 모바일 신분증 시대의 도래를 의미한다고 하겠다. 이는 주민등록증이 지니는 상징성 이외에도 다른 신분증과 수치적으로 비교해 봐도 쉽게 확인할 수 있다.

첫째, 신분증 소지 인원의 경우 3,400만 명 정도인 운전면허증과 80만 명 수준의 국가보훈증과 달리 주민등록증은 그 규모가 4,400만 명 이상으로 실제 전 국민이 대상이라고 할 수 있다. 둘째, 모바일 운전면허증과 국가보훈증은 각각 27개에 불과한 운전면허시험장(단, 경찰서 방문도 가능하나 주로 운전면허시험장을 통해 발급)과 보훈지청을 희망자가 방문하여 발급을 받아야 하는 번거로움이 있다. 반면에, 모바일 주민등록증의 경우 전국 3,600여 개가 넘는 인근 주민센터를 방문하면 쉽게 발급받을 수 있다. 즉, 17세 이상의 국민이면 누구나가 본인의 거주지와 제일 가까운 곳에서 빠르고 편리하게 모바일 주민등록증을 발급받을 수 있는 전국 시스템망이 바야흐로 구축되는 것이다.

2023년 12월 26일 「주민등록법」 개정을 통해 모바일 주민등록증 발급을 위한 법적 근거가 마련된 후 한국조폐공사는 정부, 국회 등을 통해 164억 원의 예산을 확보하고 주무 부처인 행정안전부와 모바일 주민등록증 시스템 구축을 위한 협약을 체결하였다. 그리고 한국조폐공사는 40여 명이 넘는 전문 인력을 배치하여 전담 조직을 구성하는 등 완벽한 모바일 주민등록증 시스템 구축을 위해 역량을 집중하고 있다. 모바일 주민등록증 서비스는 2024년 12월 말 국민에게 첫선을 보였고, 2025년부터 본격적으로 확대될 예정이다.

주민등록증 디자인 변경과 IC 칩 국산화 추진

한편, 한국조폐공사는 모바일 주민등록증 도입을 계기로 대표 국가 신분증인 주민등록증의 위상에 맞는 디자인 개선 필요성도 정부에 제안하고 이를 추진 중이다.

17세 이상 전 국민이 사용하는 주민등록증은 1999년부터 25년

간 같은 디자인이 적용되어 국내 외국인등록증이나 주요 OECD 국가의 신분증에 비해 세련미가 부족한 편이다.

이와 관련하여 공사는 행안부, 문체부, 디자인문화진흥원 등 관계 기관과 함께 준비 과정을 거쳐 2024년 7월에 디자인, 미술, 역사 등 각계 전문가들로 구성된 추진위원회를 구성하였다. 그리고 9월에는 디자인 개선 공개 토론회도 개최하였다. 향후 국민 아이디어 공모전, 설문 조사 등을 통해 다양한 국민 의견을 수렴하여 주민등록증 디자인 개선을 위한 준비에 관계부처와 함께 적극 노력할 예정이다.

현대적 감각의 새로운 주민등록증 디자인을 통해 국민 자긍심을 고취하고 가독성 등이 향상될 것으로 기대된다. 새로운 디자인의 주민등록증은 2026년 도입을 목표로 하고 있다. 또한, 공사는 모바일 신분증 발급 시 필요한 실물 IC 신분증의 핵심 자재인 IC 칩 국산화 작업에도 힘을 쏟고 있다. IC 칩은 하드웨어인 실물 칩과 이를 운영하기 위한 소프트웨어인 COS Chip Operating System로 구성이 되어 있는데, COS는 IC 칩의 보안성 강화를 위한 핵심 요소이다. 공사는 2010년 이미 자체 기술로 국가 신분증용 COS 개발을 마치고 보안 적합도 인증(CC 인증)도 획득하였다. 그리고 매 5년 업그레이드된 기술을 적용하여 해당 성능을 더욱 강화해오고 있다. 다만, COS는 통상 실물 칩을 기반으로 개발되는데 개발 초기 2~3년 정도를 제외하고는 현재까지 해외 업체의 실물 칩을 기반으로 COS가 개발되는 한계가 있었다. 그 이유는 2021년 모바일 신분증의 도입 이전에는 실물 신분증에 IC 칩을 적용할 필요성이 없었기 때문에 국내 칩 제조사들이 국가 신분증용 IC 칩 개발에 큰 관심을 두지 않았기 때문이다.

이를 개선하기 위하여 한국조폐공사는 IC 칩 실물 신분증 기반의 모바일 신분증 도입에 발맞추어 칩을 국산화하기 위한 작업에도 착수했다.

이미 보유한 공사의 COS 기술력을 바탕으로 국내 대형 칩 제조사들과 협업을 통해 국가 신분증용 IC 칩 국산화를 진행하고 이를 순차적으로 국가 신분증에 적용할 계획이다.

사회적 약자를 위한 모바일 신분증 도입 확대

모바일 주민등록증의 도입으로 실질적인 국가 신분증의 모바일화가 완성될 예정이다. 이를 기반으로 한국조폐공사는 사회적 약자 등을 지원하기 위한 국가 신분증의 모바일화에도 힘을 쏟고 있다. 이의 일환으로 2025년 1월에는 188만 명에 달하는 국내 장기 체류(90일 이상) 외국인들을 대상으로 모바일 외국인등록증 서비스도 법무부의 시스템과 연계했다. 또한, 260만여 명에 달하는 장애인들에게도 모바일 신분증 서비스를 제공하여 디지털 사각지대를 해소하기 위해 모바일 장애인등록증 시스템 구축도 보건복지부와 함께 추진하고 있다. 마지막으로는 9세에서 17세 미만 청소년들을 위한 모바일 청소년증 시스템 도입 사업도 병행할 예정이다.

모바일 신분증을 통한 지갑 없는 세상 도래

"신분증 제시해주세요.", "신분증 가지고 오셨나요?"

우리가 자주 방문하는 은행, 병원, 관공서, 편의점, 술집 등에서 흔히 듣는 말들이다. 모바일 신분증을 통한 우리 삶의 변화의 핵심은 바로 이런 일상생활 속에서 개인 스마트 폰에 보관하고 있는 모바일 신분증을 활용하여 내가 원하는 서비스를 언제 어디서든 바로 이용할 수 있다는 것이다.

예를 들어, 2024년 5월 「건강보험법」 개정으로 병원 방문 시 반드시 신분증을 지참해야 한다. 모바일 신분증을 미리 발급받아 놓는다면 아픈 몸을 이끌고 방문한 병원에서 신분증이 없어 진료를 못 받게 되는 상황을 겪지 않아도 된다.

또한, 주민등록증이나 운전면허증 등을 분실해본 적이 있는 이들이라면 더욱 모바일 신분증 사용이 필요할 것이다. 실물 신분증을 잃어버린 후 개인 정보 유출에 대한 걱정 그리고 다시 발급받기 위하여 관공서를 방문해야 하는 번거로움 등 불편을 겪었기 때문이다. 반면 모바일 신분증은 스마트폰을 분실하면 그 사용이 자동적으로 중지된다. 그리고 스마트폰을 교체했을 때는 소지하고 있는 IC 신분증을 새로운 스마트폰에 접촉하여 다시 발급된 모바일 신분증을 그대로 사용하면 된다(다만, QR을 통해 발급받은 경우는 관공서 방문).

한편, 정부와 한국조폐공사는 모바일 주민등록증 도입에 앞서 더욱 많은 국민이 쉽고 편리하게 모바일 주민등록증을 발급받을 수 있는 환경을 조성하기 위한 노력도 기울이고 있다. 종전 정부 앱에서만 가능했던 모바일 신분증 발급을 민간에도 개방하고 있다. 2024년 3월에는 1,600만 명 이상이 사용하고 있는 삼성월렛(구 삼성페이)에 개방한데 이어 6월에는 네이버, 카카오 등 5곳을 추가 사업자로 선정하고 2025년 중에 발급 서비스를 확대하여 제공하기 위한 준비를 하고 있다.

2024년 말 도입이 시작된 모바일 주민등록증은 정부 앱과 더불어 민간 앱을 통해서도 빠르게 발급받을 수 있어 그 보급에 더욱 속도가 붙을 것으로 기대하고 있다.

특히, 공사는 온라인 본인 확인 서비스 시장에서 모바일 신분증의 활용도를 높이기 위한 방안 마련에 힘을 쏟고 있다. 현재 모바일 신분증은 오프라인 어디서나 사용이 가능한 데 반해 온라인에서는 사용처가 부족한 상황이다. 그런데 국내 온라인 본인 확인 서비스 시장은 모바일 신분증이 제외된 상태에서 PASS 등 민간 중심으로 형성되어 그 시장 규모도 1,000억 원에 이르는 것으로 파악되고 있다. 이에 따라 공사는 모바일 주민등록증 도입으로 확보될 전국 시스템망을 활용하여 온라인 본인 확인 서비스 시장을 공공 중심으로 개편하고 이를 통한 사회적 비용 절감과 그 혜택이 국민·기업에 환원될 수 있는 공공 사업 모델을 개발하는 데 노력을 기울이고 있다.

　그동안 기업들이 민간이 제공하는 본인 확인 서비스를 이용하면서 부담했던 비용 규모를 공공부문의 모바일 신분증 플랫폼을 통해 제공되는 서비스로 대체하여 그 부담을 줄여주자는 것이다.

　그리고 이를 통해 마련된 재원을 국민들의 실물 IC 신분증 발급 수수료 지원과 신분증 플랫폼 운영에 필요한 정부 예산의 절감 목적으로 활용하자는 것이다. 즉, 온라인에서 모바일 신분증 사용을 늘려 정부와 기업은 예산을 절감하고 그 혜택이 국민들에게 환원될 수 있는 선순환 구조를 만들고자 하는 것이다. 공사는 이를 위해 정부와 지속적인 협의를 진행하고 있다.

　코로나 등으로 디지털 세상으로의 전환이 가속화되었고 다양한 비대면 서비스들이 사회 전반에 걸쳐 확대되고 있는 지금이야말로 '내가 나'임을 증명하기 위해 모바일 신분증을 꼭 사용해봐야 할 필요성이 있다고 판단된다. 특히, 모바일 주민등록증이 도입된 2024년 말부터 이를 쉽게 접할 수 있게 되므로 2025년이 모바일 신분증을 체험하고 학습할 수 있는 적기라고 여겨진다. 자율주행, 원격진료, 온라인 투표, 로봇 기술을 활용한 서비스 등 다가올 미래에는 모바일 주민등록증을 비롯한 모바일 국가 신분증의 필요성이 더욱 증대될 것이다. 디지털플랫폼 정부 구현의 핵심인 '지갑 없는 세상'이 우리 앞에 와 있다. 모바일 주민등록증의 본격적 도입이 매우 기다려지는 이유다.

온누리상품권 지류·카드·모바일을 한 곳에서

지류 온누리상품권은 한국조폐공사에서 만든다. 그런데 모바일에서 온누리상품권 앱을 설치하려면 3종류가 있어 사용자들이 어려움을 겪었다. 2025년 3월부터는 한국조폐공사가 통합 사업자 역할을 맡게 된다.

백화점, 동네 슈퍼와 재래시장만이 있었던 1993년 11월 우리나라에 첫 대형 마트인 '이마트'가 문을 열었고, 이후 전국의 대형 마트 수는 빠르게 증가했다. 그 결과, 전통시장과 소상공인들은 소비자들로부터 외면을 당하게 되었다.

이에 2009년 중소기업청은 전통시장 지원을 위해 '지류형 온누리상품권'을 도입하였다. 또한, 2019년에는 소비자들에게 결제 편의성 제공을 위해 모바일 온누리상품권을 출시하였고, 2022년에는 카드형 온누리상품권 방식으로 발전하게 되었다.

온누리상품권의 발행액은 2009년 200억 원에서 2025년 5조 5,000억 원으로 빠르게 증가하였다. 그러나 2023년을 보면 목표액은 4조 원이었으나, 판매액은 2.83조 원에 그쳤다. 지류형은 목표 대비 증가한 반면, 카드형과 모바일형은 저조했다. 카드형은 1.9조 원을 목표로 하였으나, 0.39조원으로 20.9%에 그쳤으며, 모바일형은 0.4조 원을 목표로 하였으나, 0.34조 원으로 84.7% 수준이다.

실적이 저조한 이유는 2가지이다. 지류·카드·모바일 형태로 결

온누리상품권 발행액 목표 추이 (단위: 조 원)

구 분	2021년	2022년	2023년	2024년
합계	3.0	3.6	4.0	5.0
지류형	2.4	2.5	1.7	1.4
모바일형	0.6	0.6	0.4	2.6
카드형	–	0.5	1.9	1.0

제 방식이 다양해지면서 오히려 소비자들과 가맹점주들이 앱을 설치하고 결제하는 데 혼선을 일으켰다. 또 온누리상품권은 가맹점이 부족해서 활성화되는 데 한계가 있었다. 2023년 기준 지역사랑 상품권의 가맹점 수는 약 600만 개인 반면에 온누리상품권은 20만 개에 그쳤다.

2024년, 중소벤처기업부와 소상공인시장진흥공단은 이를 해결하기 위해 가맹점 제한 업종을 완화(기존 40종 → 변경 28종)하고 기존에 각각이던 모바일과 카드형 사업자의 통합을 추진하였다. 향후에는 일반 학원과 태권도·요가 등과 같은 스포츠 및 레크리에이션 학원, 병원 등과 함께 백년소상공인 점포 약 2,300여 개에서도 온누리상품권이 사용 가능하게 된다. 한국조폐공사는 공공 상품권인 온누리상품권을 활성화하고, 기존에 하고 있는 지역사랑 상품권의 사용 지역이 제한된다는 한계를 극복하기 위해 통합 사업자 선정에 참여했다. 그 결과 2024년 9월 사업자로 최종 선정됐고 2025년 3월부터 한국조폐공사가 모바일과 카드형 통합 온누리상품권 서비스를 제공하게 된다.

한국조폐공사는 온누리상품권의 활성화를 위하여 2025년 통합 앱을 출시하고, 가맹점 찾기 기능 강화, MZ세대를 위한 이벤트 등을 계획하고 있다. 특히, 가입자와 가맹점 확보를 위하여 파트너 은행의 700여 개 영업점을 통해 앱 사용 및 가맹점 신청 방법을 손쉽게 안내할 예정이다.

자금 관리 은행과의 이상 거래 탐지 이중화로 부정 유통 방지를 강화하고, 실적에 대한 통계 분석 및 리포팅 시스템을 제공하여 소상공인을 위한 새로운 정책 발굴 및 개선 등을 지원할 계획이다.

두 번째로 지역사랑 상품권 서비스와의 연계를 통하여 함께 성장할 수 있는 방안을 모색하고 있다. 가맹점 공유 및 확대와 함께 지역사랑 상품권 발행이 소진되면 온누리상품권을 사용 하도록 할 계획이나. 시역사랑 상품권은 월 발급 한도(30~50만 원)가 작고, 예산이 조기에 소진되는 만큼 1인당 발행 한도(150~200만 원)가 큰 온누리 상품권과 연계하면 소비자의 만족도가 좋아질 것이다.

세 번째는 전국의 결제망을 통하여 다양한 정부 정책 수당을 지급하는 공공 지급 결제 플랫폼으로의 확장이다. 정부 부처 및 공공기관에서 지급(발행)하는 연간 100조 원 이상의 복지 정책을 분석하여 한국조폐공사가 지급 가능한 정책 수당 사업을 발굴할 계획이다. 사용자들이 수당 신청 단계부터 심사·사용 등을 한국조폐공사의 플랫폼에서 한 번에 하는 '원스톱 서비스'를 제공하여 담당 정부 부처(지자체)는 물론 복지 수혜자와 사용처 소상공인의 편의성 향상과 만족도를 제고할 것이다.

한국조폐공사는 지역사랑 상품권과 온누리상품권 서비스를 함께 제공하여 소상공인 지원 기관으로 성장해나갈 것이다.

CBDC 생태계에서
한국조폐공사 역할을 찾아라

CBDC 2계층 구조

한국조폐공사는 실물화폐를 제조하는 것에 그치지 않고 CBDC(중앙은행 디지털 화폐) 발행에도 대비하고 있다.

한국조폐공사는 실물화폐 제조에서뿐 아니라 앞으로 도입될 디지털 화폐에서도 중요한 역할을 담당해야 한다. 한국은행은 CBDC를 2계층 구조로 설계할 것으로 예상된다.

1계층은 기관용 중앙은행 화폐로 중앙은행과 금융기관 간에 거래되는 CBDC다. 한국은행은 금융기관에 CBDC를 발행하며, 금융기관은 이를 보유하고 관리하며, 금융기관 간의 거래와 결제에서 사용된다. 기존의 중앙은행과 금융기관 간의 시스템을 디지털화한 형태로 운영된다.

2계층은 금융기관과 국민 간의 거래에서 사용되는 CBDC를 토큰화한 예금이다. 금융기관은 한국은행에서 받은 CBDC를 국민에게 제공하며, 국민들은 이를 토큰 형태로 보유하고 사용한다. 실생활에서 상품이나 서비스 구매, 송금 등의 일상적인 결제 수단으로 활용되며, 전자지갑이나 앱을 통해 관리된다.

2계층 구조는 한국은행이 금융 시스템 내에서의 안정성을 유지하면서, 금융기관과 국민 간의 거래에서 디지털 화폐를 효율적으로 사용할 수 있도록 설계되었다.

CBDC의 보안과 무결성을 보장하기 위해, 한국조폐공사에서 개발한 디지털 위조 방지 기술과 암호화 기술을 제공할 수 있으며, 오

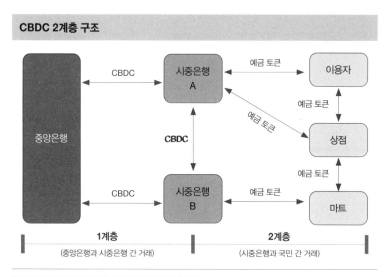

출처: 한국은행 자료를 참고하여, 이해하기 쉽게 구성한 자료임.

프라인 상태에서도 사용할 수 있는 CBDC 저장 및 거래 솔루션을 제공할 수 있다.

한국조폐공사는 제조업에서 ICT 전문 기업으로의 사업 전환 과정에서 획득한 디지털 서비스 구축 경험 및 플랫폼을 기반으로 앞으로 다가올 CBDC 세상에서 중요한 역할을 할 수 있도록 노력해나갈 것이다. 그동안 개발한 기술을 기반으로 현재 모바일 신분증 서비스 및 모바일 지역사랑 상품권 서비스Chak를 제공하고 있다. 모바일 지역사랑 상품권 및 온누리상품권 서비스는 CBDC 체계에서 바우처 사업 등에 유용하게 활용될 수 있을 것이다.

특히, 정전이나 인터넷 연결이 불안정한 비상 상황에서도 사용 가능한 디지털 화폐 보관 및 교환 지갑인 콜드 월렛cold wallet 기술을 통해 오프라인 환경에서의 디지털 화폐 사용을 지원할 수 있다.

한국조폐공사는 CBDC 생태계에서 중요한 역할을 찾기 위해 한국은행과 긴밀히 협력하고 있다. 한국은행과 CBDC 관련 세미나를 준비하고 있으며, 다양한 활동을 통해 CBDC 생태계에서의 구체적인 역할을 찾고, 디지털 화폐 시대에도 핵심적인 공공기관으로 자리매김하기 위해 계속 노력할 것이다.

아날로그 행정은 그만, 디지털 위임장

한국조폐공사는 2022년 7월 개시된 모바일 운전면허증 발급과 2025년부터 본격 발급하기 시작한 '모바일 주민증'까지 고려하여 모든 국민이 편리하게 사용할 수 있는 신원 확인 서비스를 만들기 위해 노력하고 있다. 대표적인 것이 디지털 위임장이다. 부동산 거래나 금융기관 이용 등에 불가피하게 대리인 위임장이 필요한 경우가 많다. 더욱이 위임자가 외국에 있거나, 타지방에 있어 만나기 어려운 경우는 매우 난감하다. 종이 위임장에 날인하기 위해 직접 만나야 하는 불편이 매우 크다. 이 문제를 해소할 수 있는 솔루션이 바로 모바일 위임장이다. 사용자 스마트폰에 디지털 신분증 앱과 디지털 위임장 앱이 깔려 있고, 위임장을 받는 기관이 네트워크에 연결되어 있다면 이용할 수 있는 서비스다.

2023년 대통령 직속 디지털플랫폼정부위원회에 '디지털 위임장 서비스' 계획을 발표했고, 관리 과제로 선정되어 행정안전부, 국토교통부, 외교부 등의 관계 부처와 서비스 적용을 위한 제안과 실증 방안을 협의했다. 한국정보처리학회, 대한행정사회에서 시범적으로 사용해보면서 사용처별로 추가 개발이 필요한 사항들이 확인되었고, 전국적으로 모든 공

디지털 위임장 서비스 흐름

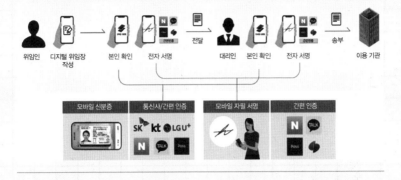

공기관, 금융기관 등에 서비스가 도입되기 위해서는 법적·제도적 개선이 필요하나, 여건이 미성숙된 것으로 파악됐다. 결국 '디지털 위임장'은 행정 일선의 필요성이 확대될 때까지 준비 상태로 전환하기로 하였다.

Chapter 10

콘텐츠로 국가 위상을
높이는 문화 기업으로

한국의 문화유산을 세계로!
K-예술형 주화 도입

선진국들만 향유하던 예술형 주화, 이제 우리나라도 함께!
한국조폐공사는 문화사업의 핵심으로 K-예술형 주화 도입을 추진하고 있다.

예술형 주화가 뭐지?

〈캐리비안의 해적〉, 〈존 윅〉과 같은 유명한 할리우드 영화를 보면
금화가 중요한 영화 소품으로 등장한다. 우리나라에서는 다소 생소
하지만, 금화와 은화는 영국, 스페인 등 다양한 국가에서 거래에 사
용하던 실제 화폐였다. 지폐 중심의 화폐 체계로 돌아가는 현대 사
회에서도 금화와 은화는 다양한 형태로 발행되고 있지만, 과거와 달
리 거래가 아닌 문화를 향유하기 위한 수단으로 쓰이고 있다.

주요국 예술형 주화				
미국	캐나다	호주	오스트리아	중국
독수리	단풍잎	캥거루	오케스트라	판다

해외에서 '불리온 코인Bullion Coin'으로 불리는 예술형 주화는 금이나 은 등의 귀금속을 소재로 중앙은행이 발행하는 법정 화폐이지만 액면가보다 소재 가치가 더 크고, 시세에 따라 판매 가격이 변동되므로 투자 수단으로서의 성격이 더 강하다고 할 수 있다.

현재 많은 국가에서 예술형 주화를 발행하고 있으며, 시장도 활성화되어 있다. 미국은 독수리, 캐나다는 단풍잎, 오스트리아는 오케스트라, 호주는 캥거루, 중국은 판다 등 자국을 상징하는 문화유산이나 동식물을 소재로 국가 브랜드 이미지를 홍보하는 대표적인 수단으로 활용하고 있다.

일반적으로 사용하는 동전 이외에 국가적 행사나 역사적 사건 등을 기념하기 위해 발행하는 주화를 기념주화라 하는데, 예술형 주화도 큰 틀에서는 기념주화의 일종이라 볼 수 있다. 그런데 이 둘의 가장 큰 차이는, 기념주화가 올림픽 개최, 광복 70주년 등 특정 행사나 기념일을 한시적으로 기리기 위해 발행된다면 예술형 주화는 특정한 상징을 주제로 매년, 장기적으로 발행된다는 것이다.

해외의 예술형 주화 시장

2022년 기준으로 미국은 4.8조 원, 규모가 가장 작은 호주가 2.1조 원 등 주요 6개국만을 보아도 20조 원 정도의 큰 시장이 형성되어 있으며 2019년 이후 150% 이상 규모가 커져 앞으로의 성장 가능성도 큰 것으로 점쳐진다.

세계 예술형 주화 시장 연도별 발행 규모(매출액 기준)　　　(단위: 십억 원)

연도	미국	중국	캐나다	오스트리아	영국	호주	계	증가율
2019년	884	3,156	1,168	437	569	1,232	7,446	
2022년	4,850	4,265	2,986	2,940	2,638	2,165	19,844	(+) 166%

출처: 주요국 Annual report 등 (2022년 평균 환율 적용)

이들은 예술형 주화를 발행해 자국의 역사·문화·예술을 홍보함으로써 국가 위상을 드높이거나 국가 브랜드 이미지를 강화하고 있다. 그뿐만 아니라 예술형 주화의 제조부터 국내외 유통과 판매 등 산업 생태계가 만들어지면서 자연스레 부가가치가 창출되고, 경제 발전에 기여하고 있다.

이런 이유로 스페인도 2021년부터 투우로 대표되는 황소를 주제로 예술형 주화 시장에 뛰어들었는데, 이것이 우리에게 시사하는 바가 크다고 할 것이다.

한국의 예술형 주화 도입을 위한 준비

한국조폐공사는 우리나라 역시 예술형 주화 발행국들과 어깨를 나란히 하는 선진국이고, 훌륭한 역사와 높은 문화 수준을 가진 만큼 예술형 주화 도입을 논의할 때가 되었다고 판단했다. 먼저 2024년 2월, 한국은행 등 관계 기관과 함께 세계화폐박람회World Money Fair 등에 현황 조사를 위한 출장을 다녀왔다. 1972년 스위스에서 최초 개최 후 2006년부터 매년 3일 일정으로 독일 베를린에서 개최되는 세계화폐박람회는 세계 최대 규모의 화폐 문화 산업 박람회로 각국 중앙은행과 조폐 기관을 비롯하여 귀금속 정·제련, 기계 설비, 금융 및 유통사 등 전 세계 45개국, 300여 개 업체가 참석하는 행사이다.

여기서 주화 발행이 단순히 한국조폐공사와 한국은행 간의 제조-발행의 관계가 아니라 국가의 다양한 산업과 연계될 수 있는 확장성이 있다는 것을 깨달을 수 있었다.

주요국 관계자들은 전체 예술형 주화 발행액의 40% 이상을 수출하고 있다고 밝히면서 "예술형 주화를 통해 역사와 국가 브랜드를 홍보하는 것은 정부, 중앙은행, 조폐국 모두의 선택이 아닌 의무"라며 "전 세계에 자국을 알릴 수 있는 뛰어난 홍보 수단이 될 것(스페인)"이라고 말했다. 아울러, 공통적으로 예술형 주화의 국가 경제 기여도를 강조하면서, "예술형 주화로 인해 디자인, 생산, 유통까지 다양한 문화 산업 생태계가 만들어지면서 국가 경제 활성화에도 큰 도움이 되고 있다(캐나다)"고 전했다.

현재 한국조폐공사와 한국은행은 예술형 주화 도입 준비를 위해 연구 용역과 합동 세미나 개최, 전문가 자문 등을 진행하고 있다. 특히 제조를 담당하게 될 한국조폐공사는 차별화된 디자인 콘셉트 기획, 생산 공정 효율화 등 만반의 준비를 다 하고 있다.

한국의 문화는 최고의 강점

현재 전 세계는 한국 문화K-Culture에 열광하고 있다. 2021년 넷플릭스에서 방영한 〈오징어 게임〉은 94개국에서 시청률 1위를 차지하였고, '방탄소년단' 데뷔 10주년 기념 도서는 미국 〈뉴욕타임스〉 베스트셀러 1위에 올라 화제가 되었다.

만약, 이러한 시기에 한국에서 예술형 주화가 발행된다면 어떤 효과가 나타날까? 예술형 주화 시장이 가장 활성화된 미국, 캐나다 등 북미와 유럽권은 베트남, 인도네시아, 대만 등 아시아권에 비해 상대적으로 한류 콘텐츠 확산이 저조하다고 한다. 하나의 콘텐츠가 해당 산업으로 끝나는 게 아니라 새로운 산업으로 파생되어 커질 가능성을 보고 있는 지금, K-예술형 주화는 한류 문화의 바람을 타고 또 다른 산업을 견인하는 촉매제가 될 가능성이 크다.

아시아에서는 아직 중국을 제외하면 예술형 주화를 발행하는 나라가 없는데 해외 출장 때 만났던 주요국은 한국의 예술형 주화 발행에 대한 기대감을 나타내며, 진심 어린 응원을 아끼지 않았다. "전 세계가 현재 한국에 관심을 갖고, 좋아하고 있다는 점은 그 무 엇과도 바꿀 수 없는 강점이 될 것(오스트리아)"이라고 강조했으며, "경제적으로도 신뢰도가 높아 한국 주화에 대한 글로벌 수요층이 탄탄할 것"이라고 기대감을 표했다.

K-예술형 주화의 주제, 한국의 대표 이미지는 무엇일까?

한국을 대표하는 이미지를 하나로 표현한다면 무엇이 될까. 한국 의 예술형 주화가 발행되려면, 도안 소재가 매우 중요하다. 일반적인 기념주화와 같이 일회성으로 발행되는 것이 아니라, 은행권처럼 도 안이 계속 유지되는 특징을 가지면서도, 일반적 화폐하고는 다르게 전 세계 수출을 통해 해외에 우리 문화를 알리는 매개체가 되기 때 문이다.

우리에게는 유구한 역사를 반영한 다양한 문화유산과 세계가 주 목하는 다양한 문화 콘텐츠가 있다. 거북선, 태권도, 호랑이, 한글처 럼 친숙한 상징물과 문화유산도 있고, 지금의 K-팝과 K-드라마는 세계 어디에도 없는 한국만의 독특한 문화 가치다. 여기엔 과거부터 현재까지 시대를 뛰어넘는 예술적 다채로움이 녹아 있다.

한국을 잘 알고 좋아한다는 오스트리아 조폐국 관계자는 한국 에 대해 "전통과 혁신이 조화를 이룬 나라"로 표현했다. 과거의 유구한 역사 문화와 전통을 기반으로, 빠른 사회적 변화에 먼저 적응하여 IT 강국으로 우뚝 선 곳이 한국이다. 이처럼 다양한 강점이 조화를 이루어 하나가 되는 것이 지금의 한국을 가장 잘 표현하는 것 같다. 예술형 주화 대표 주제의 선택지가 많기 때문에 오히려 한국적 가치가 담겨 있고 세계가 공감하는 상징물을 무엇으로 선정할지 많은 고민이 필요하다.

참고로, 가장 한국적인 대표 이미지를 선정하는 것과 유사한 과정으로 올림픽 마스코트 선정을 떠올릴 수 있다. 전 세계 축제라 불리는 올림픽에서 개최국인 한국을 한눈에 알리기 위해 그 당시 각계 전문가들의 자문과 국민적 여론 형성, 디자이너들의 노력이 함께했을 것이다. 그 결과를 살펴보면, 1988년 서울 하계 올림픽은 호랑이를 상징하는 '호돌이'가, 2018년 평창 동계 올림픽은 백호와 반달가슴곰을 상징하는 '수호랑'과 '반다비'로 정해졌다. 대한민국에서 개최된 두 번의 올림픽 모두 '호랑이'가 마스코트에 포함되었다는 점에서 우리나라 국민에게 가장 친숙하면서, 해외에 알리고 싶은 이미지가 무엇인지를 어느 정도 참고할 수 있을 것이다.

K-예술형 주화가 성공적으로 도입되기 위해서는 국민적 관심도와 공감이 무엇보다도 중요하다. 한국의 대표 브랜드 이미지에 대해 국민 의견을 모아 스토리를 찾고 국내외 공모를 통해 주제를 선정하는 미래를 생각해본다. 참여한 국민과 해외 동포들은 감동과 자부심을 얻고, 수출된 예술형 주화는 우리의 자랑스러움을 빛내는 소중한 가치가 될 것이다.

BTS, 손흥민이
메달로

금액이 표시돼 있으면 주화, 없으면 메달!
한국조폐공사가 다양한 메달을 선보이다.

우리는 지금 K-팝, K-푸드, K-드라마 등 K-콘텐츠가 전 세계의
문화를 선도하는 시대에 살고 있다. 이에 발맞춰 한국조폐공사의 기
념 메달 주제도 과거 동·식물, 건물, 문화재 등에서 K-팝 아티스트,
운동선수 등 문화 콘텐츠로 다양화되고 있다.

① (BTS) 한국의 문화 영토를 넓혀가는 방탄소년단!
BTS 메달로 날개를 달다.

"BTS는 K-POP 영토를 확장한 광개토대왕 같은 존재이다."
– 2023년 6월 14일 〈동아일보〉 사설 중

BTS가 데뷔한 이후 10년은 K-팝을 넘어 세계 대중가요의 역사를 새로 쓴 시기이다. 2020년 K-팝 최초 빌보드 차트 핫 100 1위, 빌보드 역사상 처음으로 영어 가사가 아닌 노래로 정상을 차지하는 등 BTS는 현존 최고의 그룹으로 인정받고 있다.

한국조폐공사는 2023년 BTS 데뷔 10주년을 맞아 차별화된 디자인, 최첨단의 압인 기술을 적용하여 기념 메달을 기획·제조하였다.

BTS 데뷔 10주년 공식 기념 첫 번째 메달은 그룹 전체의 정체성을 표현하기 위해 방탄소년단 로고와 데뷔 10주년을 뜻하는 숫자 '10'을 모티브로 디자인하였으며, 기념 메달 최초로 화폐에 적용하는 특수 보안 요소를 예술성 높게 적용하였다.

BTS 데뷔 10주년 기념 메달 이미지(1차)

BTS 1차 금메달	BTS 1차 은메달

BTS 데뷔 10주년 기념 메달 이미지(2차)	
BTS 2차 금메달	BTS 2차 은메달

2차 기념 메달은 멤버의 초상을 최소 10마이크로미터$_{\mu m, 1/100mm}$의 초미세 선과 점으로 재해석하여 예술 작품처럼 조각한 것이 가장 큰 특징이다. 또한, 화폐 보안 패턴과 미세 문자를 적용하여 원천적으로 위변조가 불가능하게 설계하였다.

BTS 메달은 출시하자마자 국내뿐만 아니라 전 세계적으로 뜨거운 호응을 얻었고, 전 세계 17개 국가에 수출되어 K-컬처$_{Culture}$와 대한민국의 우수한 특수 압인 기술을 전 세계에 알릴 수 있는 뜻깊은 기회가 되었다.

② (손흥민) 아시아 최초 골든부츠상 수상!
손흥민 메달로 그 영광을 더하다.

박찬호, 박세리, 이승엽, 김연아, 박인비. 위 선수들은 자타공인 대한민국 레전드 스포츠 선수라는 공통점 외에 또 하나의 공통점이 있다. 한국조폐공사가 위 선수들의 업적을 기념하기 위해 기념 메달을 만들었다는 것이다.

대한민국 축구계의 아이콘 손흥민 선수! 한국조폐공사는 2021년 최고의 실력으로 대한민국 국가 브랜드를 높이고 있는 '손흥민 기념 메달'을 기획·제작하였다.

'손흥민 기념 메달'은 원형과 지폐형에 각각 금메달과 은메달 등 총 4종이다. 원형 메달 앞면에는 득점 후 포효하는 손흥민 선수의 모습을, 뒷면에는 'SON' 문자와 등 번호 '7'이 새겨진 유니폼의 뒷 모습을 담았고, 지폐형 메달 앞면에는 공격적인 드리블로 득점 후 환희에 찬 손흥민 선수의 모습을, 뒷면에는 세리머니하는 손 선수의 전신 모습을 디자인했다.

손흥민 선수는 2021/22 시즌 잉글랜드 프리미어리그에서 23골

손흥민 골든부츠 수상 기념 메달 이미지(1차)		
골든부츠 수상 금메달	골든부츠 수상 백금메달	골든부츠 수상 은메달

을 터트리며 리그 득점왕인 골든부츠상을 수상하였다.

2021년 '손흥민 기념 메달'을 출시한 바 있는 한국조폐공사는 손흥민 선수가 대한민국을 넘어 아시아 최초로 EPL 골든부츠상을 수상한 것을 기념하기 위해 '손흥민 골든부츠 수상 기념 메달'을 기획·제작하였다. 손흥민 선수의 세리머니 모습과 축구화를 상징적으로 표현했으며, 손흥민 선수가 득점왕으로 기록된 23골을 상징하여 2,300장만 한정 제작하였다.

③ (영남 알프스) 공기업과 지자체의 모범적인 성공 협력 사례

영남 알프스는 울주군과 밀양시 일대에 위치한 1,000M 이상의 산군山群*에 붙은 별명으로 수려한 산세와 풍광을 자랑하는 모습이 유럽의 알프스와 견줄만하다 하여 붙여진 이름이다.

---

* 가지산, 간월산, 신불산, 영축산, 천황산, 고헌산, 운문산

영남 알프스 완등 기념 메달 이미지			
가지산(2021년)	간월산(2022년)	신불산(2023년)	영축산(2024년)

울주군은 지역의 관광 산업 활성화를 위해 영남 알프스 완등 인증 관광객을 대상으로 기념 메달을 제공하는 사업을 추진하기로 결정하였다. 누구라도 갖고 싶은 메달 제작을 위해 울주군은 특수 압인 기술을 보유한 한국조폐공사에 메달 제작을 의뢰했고, 한국조폐공사는 2021년부터 고품격 메달을 제조·공급하고 있다.

한국조폐공사는 영남 알프스 완등 인증 기념 메달을 통해 '인증 기념 메달'이라는 새로운 사업군을 발굴하는 성과를 얻을 수 있었다. 이는 공기업과 지자체 협력의 모범적 성공 사례로 손꼽히고 있다.

④ (파리 올림픽 팀코리아 응원 골드 카드)
파리 올림픽 대한민국 국가대표 선수들의 선전을 기원

팀코리아 응원 골드 카드는 2024 파리 올림픽 국가대표 선수 프

파리 올림픽 팀코리아 응원 골드 카드 이미지		
김우진 선수	임시현 선수	오상욱 선수

로필 사진을 포토 카드로 제작하여 한국조폐공사가 보증하는 순금 1g 원형 메달과 결합한 제품으로 파리 올림픽 국가대표 선수단의 선전을 기원하는 국민적 기대를 담았다.

한국조폐공사는 팀코리아 응원 골드 카드의 사례를 활용하여 골프, 야구 등 인기 스포츠 선수들의 포토 카드 제작 등으로 사업을 확대할 계획을 가지고 있다.

화폐 제조 기술로 탄생한
문화상품 요판화

한국조폐공사는 세계 최초로 화폐에 적용되는 기술을 활용해 요판화 사업을 추진하고 있다.
이제 판화로 재탄생한 한국 대표 예술품을 만나볼 수 있다.

소득 수준이 올라가면 국민은 문화예술을 향유하고자 하고 관련 산업은 발전한다. 최근 세계적으로 K-팝, K-드라마 등 한국 문화 콘텐츠가 큰 인기를 끌고 있는데 이와 같이 자랑스러운 한류의 발전도 같은 맥락에서 이해할 수 있다.

화폐 요판화는 화폐 제조에 쓰이는 고도의 요판 인쇄 기법으로 제작하는 만큼 국내에서는 공사만이 가능하다.

요판 인쇄는 선과 점을 이용해 이미지를 섬세하게 표현할 수 있고, 만졌을 때 오톨도톨한 촉감이 느껴지는 특징이 있다. 이러한 특성 때문에 요판 인쇄를 대표적인 화폐 보안 요소로 사용하는데, 국내에 4명밖에 없는 화폐 조각가가 화폐 요판화를 직접 디자인하고 인쇄판을 조각한다. 이후에는 내구성이 우수한 화폐용 특수 잉크를 활용하여 요판 인쇄를 한 다음 화폐 수준의 철저한 관리를 통해 작품성과 품질을 보증한다.

공사는 화폐를 비롯한 각종 보안 제품 생산과 모바일 형태의 상품권 및 신분증 서비스를 주요 업무로 하는 기관이다. 이러한 공사가 세계 최초로 화폐 요판화라는 문화사업을 추진하는 데는 이유가 있다.

전 세계적으로 조폐 기관이 유명 작가의 명화를 활용하여 화폐 요판화 사업을 추진한 사례는 없다. 공사는 십여 년 전에 공사가 주관하는 화폐 박람회에서 소량의 화폐 요판화를 굿즈 형태로 판매한 적은 있으나 문화적 가치나 독창성과 같이 사람들이 선호하는 방향과는 거리가 있었다. 결국 화폐 요판화 판매를 확대하기보다는 공사의 특수성을 부각한 홍보 기념품 위주로 활용하기로 결정하였다.

십여 년의 기간 동안 공사는 홍보용 기념품인 화폐 요판화의 품질을 개선하고, 국내외 유명 작품을 활용하면서 문화적 가치를 끌어올렸다.

덕분에 화폐 요판화를 접하는 사람들이 구매를 문의하는 경우가 많았으나 판매용 제품이 아니라는 대답에 번번이 실망하기 일쑤였다. 특히 예술계에서는 화폐 기술을 활용한 작품이라는 독특한 가치를 인정하면서 공사가 정식 판매하는 것을 제안하였다.

공사 홍보용 화폐 요판화	
이중섭 〈흰소〉	빈센트 반 고흐 〈밤의 카페 테라스〉

세계적으로 유례가 없고 대중에게 생소할 수 있는 화폐 제조 기술인만큼 '화폐 기술에 문화를 더한다'라는 스토리텔링을 강화했다. 그런데 공사는 보안 제품 사업에서 강점이 있으나 문화사업에 대한 경험과 노하우는 부족했다. 더욱이 문화적 가치와 대중의 선호도를 모두 반영할 수 있는 주제 선정이 매우 중요한데 내부 검토만으로는 한계가 있었다.

이를 해결하기 위해 한국조폐공사는 국립박물관문화재단, 국립현대미술관과 업무 협약을 체결하여 소장 작품을 활용한 문화사업 추진에 협력하고, 수익금 일부를 문화사업 발전을 위해 기부하기로 하였다. 그리고 대전시립미술관과 이응노미술관을 관할하는 대전시청과도 업무 협약을 체결하여 문화사업 추진은 물론 지역 경제 활성화에도 협력하기로 하였다.

〈인왕제색도〉 요판화	미세 문자
	작은 그림에는 화폐 일러스트 및 인왕산 호랑이 등 미세 문자 적용

또한, 화폐 요판화 세미나를 개최하여 전문가와 고객층의 의견을 수렴하고 발전 방안을 지속적으로 연구하고 있다.

한국조폐공사는 2024년 10월 17일 '화폐 기술로 만난 우리 보물'을 주제로 첫 번째 화폐 요판화를 출시했다. 국립박물관문화재단과 협력하여 겸재 정선의 대표작 〈인왕제색도〉를 크기별 3종으로 출시했는데, 그중 가장 대중적인 제품에는 화폐 일러스트 및 인왕산 호랑이 등의 미세 문자를 숨겨 흥미 요소도 갖추었다. 더욱이 3종 모두 한정 판매를 통해 소장 가치를 극대화하도록 하였다.

앞으로 공사는 화폐 요판화 사업을 통해 문화적 가치를 보존하고, 국민에게는 문화유산을 향유할 있는 권리를 지속적으로 제공할 것이다. 또한, 외국인 관광객에게도 좋은 한국 기념품이 될 것이다.

화폐 요판화는 화폐 기술로 예술품을 재탄생시키는 세계 최초의 시도라는 점과 한국조폐공사에는 고부가가치를 창출하는 전략적인 사업으로서의 의미가 크다.

한국조폐공사는 〈인왕제색도〉를 시작으로 매년 새로운 화폐 요판화를 출시할 예정인데 다양한 고객 수요를 맞출 수 있도록 대표

유물과 유명 미술품 외에도 창조 문화 콘텐츠까지 주제를 확장할 계획이다. 따라서 한국조폐공사가 기안84의 작품을 출시하는 것도 상상 속의 일만은 아닐 것이다.

화폐 요판화는 말 그대로 화폐 조각가가 화폐 제조 기법을 활용해 제작하는 만큼 이를 소장하는 모든 사람에게 돈을 불러오는 행운이 깃들기를 기대해본다.

화폐 부산물의 재탄생, 화폐 굿즈

한국조폐공사는 버려지던 화폐 부산물로 다양한 제품을 선보일 계획이다. 생산부터 폐기까지 모든 과정을 친환경적으로 하는 것이 한국조폐공사의 목표이다.

2024년 여름은 유례없이 더웠다. 이번 더위는 118년 만에 열대야 기록을 갈아치우면서 추석까지 이어졌다. 지구 온난화에 관심이 모일 수밖에 없었다. 기후변화의 주된 원인으로 지목되고 있는 탄소 배출을 줄이는 것이 범세계적인 숙제로 떠오른 가운데, 화폐를 만들고 있는 한국조폐공사 역시 탄소 감축을 위한 고민이 크다.

연간 화폐 제조와 유통 과정 중에 발생하는 부산물은 약 500톤에 달하는데, 이는 10톤 트럭 50대 분량에 해당하는 엄청난 양이다. 화폐 부산물은 화폐를 제조할 때 나오는 불량품과 인쇄 자투리, 그리고 수명이 다한 폐기 화폐를 처리할 때 발생한다. 이러한 막대한

잘게 자른 불량품	자른 자투리

양의 화폐 부산물은 어떻게 처리되고 있을까? 그간 화폐 부산물은 대부분 소각 처리되었고 이 과정에서 다량의 이산화탄소$_{CO_2}$가 발생하였다. 폐지류 1톤 소각 시 약 1.1톤의 이산화탄소가 배출된다고 한다.

이러한 이유로 한국조폐공사는 화폐 부산물을 재활용하기 위해 다양한 노력을 시작했다. 첫 시도로 화폐 부산물을 열병합발전소의 연료로 사용했다. 하지만 처리 비용이 들고, 부가가치가 낮아 재활용 방법으로서는 한계가 있었다.

이를 개선하기 위해 지난 2021년부터 중소기업과 협업해 화폐 부산물 일부를 콘크리트 보강재로 리사이클링했다. 그리고 한국조폐공사는 단순한 리사이클링을 넘어, 버려진 자원에 아이디어를 더해 더욱 가치 있는 상품으로 재탄생시키는 업사이클링을 시작했다. 화폐의 원료인 면화$_{cotton}$는 목재로 된 일반 종이에 비해 광택이 나고 부드러운 촉감을 가진 고급 소재이기 때문에 활용 가치가 매우

돈 달력	돈 방석	돈 볼펜

높다.

한국조폐공사는 모든 사람이 돈을 좋아한다는 점에 착안해 폐기된 돈을 재활용한 다양한 화폐 굿즈를 만드는 시도를 하고 있다. 한국조폐공사 기술연구원과 협력 중소기업은 돈 달력, 돈 방석, 돈 가방 등의 생활용품과 필기구, 그립톡, 키링 등 청소년이 사용하는 팬시 용품과 같이 세대별, 성별, 용도에 맞는 기념품을 제작하기 위해 다양한 실험으로 시제품을 만들어보고 있다.

실생활에 쓰임이 많은 아이템 발굴을 위해 전 직원을 대상으로 화폐 부산물로 만든 화폐 굿즈 공모전을 개최해 참신한 아이디어도 모았다. 한국조폐공사는 연말까지 화폐 부산물로 만든 일부 화폐 굿즈를 판매하고, 2025년에는 본격적으로 사업화할 계획이다.

다른 나라 조폐 기관은 화폐 부산물을 어떻게 처리할까? 미국 조폐국The Bureau of Engraving & Printing의 경우 잘게 자른 은행권을 기념품으로 워싱턴 D.C와 포트워스Fort Worth 방문자 센터에서 판매하고 있다. 소량 비닐 포장부터 블록 형태, 캡슐 등 다양한 형태로 판매된

비닐 포장	블록 포장	컬링

다. 잘게 잘린 달러지만 미국 달러는 누구나 가지고 싶은 기념품이 된다. 중국조폐공사China Banknote Printing and Minting Corporation는 세련된 디자인에 상품성 높은 화폐 굿즈를 선보이고 있다. 투명한 십이지신 과 판다 모양 안에 화폐 부산물을 넣거나, 2022년 베이징 올림픽 컬 링 안에 넣기도 했다

하지만 미국과 중국의 사례는 단순히 화폐 부산물을 세절해 활 용하는 초보 단계에 머물러 있어 대량으로 재활용하는 데는 한계 가 있다.

한국조폐공사는 해외와 차별화된 화폐 부산물 업사이클링 굿즈 기획과 연구개발을 통해서 대부분의 화폐 부산물을 업사이클링할 계획이다. 물론, 화폐 굿즈로 만들기 어려운 화폐 부산물은 콘크리 트 보강재 등 산업용 재활용 자원으로 사용하는 리사이클링을 지 속할 것이고, 어디에도 사용하기 어려운 부산물은 최소화해 소각할 것이다. 이러한 단계적 접근을 통해 우리는 화폐 부산물 문제를 해 결함으로써 지구 살리기 운동에 보다 적극적으로 함께할 계획이다.

이를 위해 한국조폐공사는 한국은행과 협의하여 업사이클링 굿즈 적용 범위도 넓혀나갈 것이다. 그렇게 되면 한국조폐공사의 화폐 제조 과정에서부터 국민이 사용한 후 훼손되어 한국은행으로 돌아오는 폐은행권까지 화폐 제조·유통의 모든 과정에 있어 업사이클링과 리사이클링이 가능해질 것이다.

화폐 굿즈 사업은 화폐뿐만 아니라 상품권이나 수표 등 기타 유가증권에도 확대 적용할 수 있다. 또한, 국내 재활용 산업을 활성화하고 사회적 기여도 할 수 있다. 화폐 부산물을 업사이클링하고 재활용하는 다양한 중소기업과 협력하여 수익을 창출하고, 한국조폐공사는 수익금을 다시 탄소 중립 활동에 후원하면 그 혜택이 모든 국민에게 돌아갈 수 있다. 한국조폐공사의 이러한 노력들이 ESG 경영 실천과 순환 경제에 앞장서는 모범 사례가 되기를 희망한다.

해외 주요국이 발행하는 예술형 주화

화폐는 한 국가의 역사와 문화를 가시적으로 보여주는 수단이다. 일반적인 기념주화는 특정 국가 행사나 문화재를 대상으로 일시적으로 발행하지만, 예술형 주화는 국가를 대표하는 하나의 주제 혹은 디자인을 선정한 후 수시로 발행하기 때문에 장기적인 관점에서 적절한 주제 및 디자인을 선택하는 것이 중요하다.

주요국들의 예술형 주화 디자인 주제 선정 유형은 크게 세 가지로 분류할 수 있다.

첫 번째로, 국가 권위 상징이다. 미국·영국은 진취·자유 등 국가적 이

국가 권위 상징 디자인 예시			
미국	영국	호주	캐나다
자유의 여신	브리타니아 여신	국왕 초상	단풍잎
(자유/평화 상징)	(영국 지역 의인화)	(영연방 국가 정체성)	(다민족 화합 상징)

국가 상징 동물 디자인 예시			
미국	호주	중국	스페인
독수리–국조 (힘, 자유, 지혜)	캥거루 (진보, 전진, 발전)	판다 (우호의 표시, 화합)	황소 (혈통, 문화/전통)

넘을 함축하여 의인화하였고, 캐나다는 자연환경의 장점과 다민족의 화합 등을 상징물로 표현했다.

두 번째 유형은 국가 상징 동물이다. 미국은 독수리를 통해 힘, 자유, 지혜, 불멸의 정체성을 강조하고, 중국은 우호와 화합의 상징물인 판다를 대표 주제로 내세웠다.

디자인 유형 세 번째는 대표적 자국 문화 콘텐츠이다. 오스트리아는 필하모닉 오케스트라를 시각화하여 예술 강국을 강조했고, 중국은 건축 문화유산인 베이징 천단을 소재로 삼아 유구한 역사를 부각시키고 있다.

주요국 모두 예술형 주화 디자인에 있어, 직관적인 문화 홍보를 뛰어넘어 하나의 이미지에 국가의 정체성을 함축할 수 있는 대표적 이미지를 선정하거나 만들어냈다. 우리나라 역시 특정 문화재나 콘텐츠만을 담는 것이 아니라, 대한민국의 정체성을 상징하면서 과거부터 현재를 모두 아우르는 지속성을 보유하고, 국내·외 수요자에게 공감을 이끌어낼 수 있는 상징물을 도출해낼 필요가 있다.

벙커에서 수장고로

경상북도 경산시에 잘 알려지지 않은 공간이 있다. 사방을 둘러싼 담장 때문에 내부를 볼 수 없고, 안내 표지판조차 찾아보기 어렵다. 대한민국 화폐를 인쇄하는 한국조폐공사 화폐본부이다.

그런데 화폐본부 안에는 직원들조차 잘 모르는 비밀스러운 공간이 있다. 한국조폐공사는 전쟁과 같은 상황에서도 화폐를 제조해야 하기 때문에 1975년 화폐본부를 준공하면서 지하 벙커 시설을 갖추었다. 지하 벙커는 연면적 6,300㎡ 정도의 다층 규모로 폭격에도 대비할 수 있도록 두꺼운 철근콘크리트 구조물 위를 토사로 겹겹이 덮어 최고의 보호 기능을 가지고 있다.

그러나 탈냉전 이후 전쟁 등 재난 대비의 개념이 바뀌면서 지하 벙커의 활용성은 소멸되었다. 실제 지하 벙커는 2008년에 화폐본부 생산 시설 리모델링 기간 중 임시로 잠시 활용되었을 뿐 별다른 쓰임새가 없었다.

이에 지하 벙커를 활용하기 위해 외부에 임대를 추진했지만 시설 규모가 너무 크고, 특히 국가 보안 시설 내에 있는 건물이라 주인을 찾기가 더 어려웠다. 부피가 큰 서버 장비를 모아놓은 데이터센터 유치에 잠시 희망을 보였으나 결국 수도권에서 멀다는 이유로 성사되지 않았다.

그렇게 오랜 세월이 지나고 진짜 주인은 다른 사업을 추진하면서 만나게 되었다. 한국조폐공사는 화폐 요판화 사업을 추진하는 과정에서 국립현대미술관 수장고가 부족한 걸 알게 되었고, 그 즉시 화폐본부 지하 벙커를 수장고로 활용할 것을 제안하였다.

수장고는 미술 작품들이 온전하게 보관되도록 온·습도 관리와 재난 안전 및 외부 침입 방지 기능이 필수인데 화폐본부 지하 벙커는 필요한 모든 조건을 갖추고 있다. 더욱이 수장고 신축에는 막대한 비용이 발생하는데 한국조폐공사의 유휴 시설인 지하 벙커를 활용하면 예산 절감과 공사 기간 단축 또한 가능하다.

한국조폐공사와 문화체육관광부, 국립현대미술관 협업으로 건물 안전 진단과 기본 계획 수립을 위한 연구 용역 예산이 2025년 정부 예산에 반영되었다. 공공의 협력으로 막대한 예산 절감과 더불어 낡고 방치된 냉전의 상징이 문화예술품의 보금자리로 탈바꿈하는 날을 기대해본다.

Chapter 11

글로벌 시장을 개척하는
수출 기업으로

고부가가치 기반
은행권 주재료 해외 수출

한국조폐공사는 은행권 제조에 쓰이는 잉크와 안료, 면 펄프 등을 수출하고 있다. 종합 조폐 기관이란 바로 이런 것!

수출 사업 품목 변경으로 이익 개선

한국조폐공사의 은행권, 용지, 주화 등 화폐 완제품Down-Stream 수출은 수익성이 좋지 않아 2021년에 중단되었다. 그 이후 수출은 완제품에서 특수 잉크, 특수 안료, 면 펄프 등 부가가치가 높은 은행권의 기초소재 사업Mid→Up-Stream으로 전환했다.

통상 완제품 시장과 소재 시장을 비교하면 완제품 쪽이 부가가치가 높고 소재가 부가가치가 낮은 경우가 많다. 그러나 은행권 시장

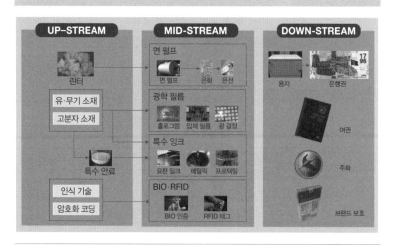

보안 산업 가치 사슬

은 반대이다. 그 이유는 위조화폐의 위험으로 각국이 스스로 화폐를 만들고 있어서 완제품 생산자는 많지만, 잉크, 안료, 면 펄프 소재 공급자는 한정돼 있기 때문이다. 그리고 소재 산업은 수요처마다 요구 규격이 다르기 때문에 제품 개발과 커스터마이징에 상당한 기간이 소요된다. 따라서 소재 업체에서 한 번 공급받기 시작하면 중간에 업체를 바꾸기가 쉽지 않다. 이 두 가지 이유로 은행권의 소재 산업은 수익성이 더 높고, 한 번 시장을 개척하면 장기간 지속되는 특징을 가지고 있다.

잉크 수출 사업

2024년 기준 특수 잉크의 글로벌 시장 규모는 36.6억 달러(약 4조 7,600억 원)에 달한다.

이 거대한 시장에서 점유율 85% 수준을 차지하는 스위스의 'SICPA'라는 회사가 있다. 이 회사는 특히 색 변환 잉크 분야에서 독보적인 영역을 구축하고 있는데, 30년이 넘는 기술 개발과 핵심 기술의 획득 전략을 통해 특허 장벽을 쌓은 기술이다. 따라서 이 잉크는 후발 업체가 쉽게 따라 할 수 없는 독보적인 영역으로 업계는 받아들이고 있다.

하지만 위 색 변환 잉크를 제외한 대부분의 특수 잉크는 한국조

글로벌 보안 제품의 주재료별 시장 규모					(단위: 백만 달러)
구분	2014	2019	2024	CAGR (%, 2014-2019)	CAGR (%, 2019-2024)
광학 필름	2,798	3,319	3,995	3.5	3.8
특수 잉크	2,413	2,913	3,662	3.8	4.7
태건트	610	708	883	3.0	4.5
은화	584	626	642	1.4	0.5
은선	828	1,024	1,413	4.3	6.7
Bio 인증	389	488	589	4.7	3.8
RFID	4,765	5,800	7,641	4.0	5.7
인쇄 공정	5,910	6,891	8,597	3.1	4.5
계	18,297	21,769	27,422	3.5	4.3

출처: PIRA, The Future of Security Printing to 2024

폐공사가 최고와 견줄만한 기술을 확보한 상태이다. 따라서 글로벌 시장에서 분명히 틈새를 개척할 수 있다고 보고 있다. 그 이유는 ① 다수의 특수 잉크부터 은행권 전면 보호용 코팅 기술까지 폭넓은 제품 라인업 보유 ② 특수 잉크에 적용되어 위조 방지 기능을 담당하는 고부가가치 특수 안료의 직접 개발 역량 ③ 수요처 요구에 대응하는 커스터마이징 역량 ④ 산업계 협업을 통한 양산화 속도 및 생산 혁신성을 꼽을 수 있다.

특수 잉크 분야에서만 현재 약 90억 원 수준의 수출 실적을 올리고 있는데, '조폐의 산업화'에 기반한 신제품 개발 속도와 생산성 향상으로 사업은 점진적으로 확대되고 있다.

적자에서 알짜로 바뀐 면 펄프 사업

또 다른 은행권의 핵심 주재료로 면 펄프 분야가 있다. 한국조폐공사는 우즈베키스탄에 위치한 자회사인 GKD에서 면 펄프를 직접 생산하여 약 13여 개국에 수출하고 있는데, 2024년은 적극적인 수출 시장 개척에 따라 1만 4,000톤 이상의 역대 최대 물량을 달성할 것으로 전망된다.

탁월한 가격 경쟁력을 갖춘 중국 민간 업체들과 경쟁하고 있는 만큼 면 펄프의 향후 전망이 장밋빛만 있는 것은 아니다. 따라서 점 증제 등에 쓰이는 화학용 면 펄프 제품을 생산하여 사업 환경 변화에 유연하게 대응하기 위한 준비도 하고 있다.

미래를 위한 새로운 소재 준비

한국조폐공사가 신규로 집중하고 있는, 산업 가치 사슬Value Chain 상단의 분야가 광학 필름이다. 광학 필름의 대표선수인 홀로그램에는 절대 강자인 독일의 'Kurz' 사가 있지만, 광학 필름의 고성장과 시장 확대에 따라 틈새시장은 여전히 존재한다.

광학 필름 분야에서 한국조폐공사가 준비하는 기술은 광 결정 기술이다. 광 결정Photonic Crystal 기술은 새파란 몰포 나비의 화려한 컬러에서 착안한 생체 모사 기술이다. 홀로그램 대비 면적에서 나오는 깊이감과 화려함이 느껴지는 색감이 특징이며 현재 연속 공정으로 필름을 양산화하는 단계까지 성공하였다. 필름 원단 기술이 실제 제품까지 적용되려면 중간 단계인 후가공 기술의 개발과 검증은

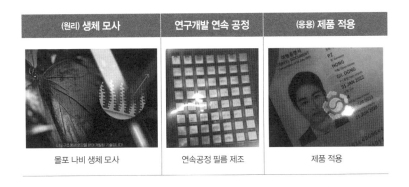

(원리) 생체 모사	연구개발 연속 공정	(응용) 제품 적용
몰포 나비 생체 모사	연속공정 필름 제조	제품 적용

조금 더 요구되는 상황이다.

한국조폐공사는 향후 특수 잉크와 면 펄프 제품군을 다양화하고 광 결정 필름 같은 선도 기술을 발전시켜 고부가가치형 사업을 중심으로 수출을 키워나가려고 하고 있다.

ICT 해외 수출을 위한 잰걸음

플라스틱 카드 형태의 실물 신분증만 제조하던 한국조폐공사,
이제는 디지털 신분증으로 세계의 벽을 넘고자 한다.

최근 많은 국가에서 디지털 신분증이 사용되고 있다. 그렇다고 다 똑같은 방식은 아니다. 2022년부터 한국조폐공사가 발급 운영 중인 우리나라 모바일 신분증은 블록체인 기술을 적용하여 서비스 신뢰성이 높고, 신분증 정보를 중앙 기관이 관리하지 않고 스마트폰에 저장하고 주소나 생년월일 등 필요한 정보만을 본인이 선택하여 제출하는 DID Decentralized Identity(분산 신원 증명) 기술로 구현한 세계 최초의 국가 모바일 신분증이다.

지난 2022년 3월, UNESCAP(UN 아시아태평양 경제사회위원회)는 한국조폐공사의 기술 역량을 확인하고 협업을 요청했다. 당시 UN

에서는 몰디브와 카자흐스탄, 방글라데시 3개국에 대한 CBDC 프로젝트를 추진하고 있었는데, 한국의 높은 디지털 정부 수준(2020년 UN 전자 정부 평가 2위)과 세계 최초의 블록체인 기반 국가 모바일 신분증을 적용한 사례를 바탕으로 기술 교류를 요청한 것이었다.

이러한 협업 과정 중 한국조폐공사는 국가 모바일 신분증K-DID 을 디지털 정부 수출 모델로 추진하는 것이 가능하리라는 아이디어를 얻었다. 대규모 비용이 수반되는 인터넷 인프라 환경을 거치지 않고 모바일 시스템으로 바로 넘어가는 개발도상국을 대상으로 삼아 UN과 협력하여 한국의 ODA 사업을 연계하여 추진하는 것이다. 최근까지 행정안전부에서 주관하는 '디지털 정부 해외 진출 활성화'를 위한 협력 사절단에 참여하여 인도네시아, 조지아 등 13개국을 방문하여 K-DID의 우수성과 독창성을 설명하고 있다.

K-DID 첫 해외 수출 사례로 추진 중인 필리핀의 경우는 이미 중앙 집중식인 모바일 신분증이 있으나 해킹 등 보안 사고로 DID 방식으로 전환하기 위한 고민을 하고 있었다.

이에 한국조폐공사는 소요 기술과 자금 조달 방안을 포함한 사업 제안과 컨설팅을 지원했고, 이후 필리핀 정부는 자국의 '디지털 신분증 구축'을 위한 ODA 사업 신청서를 한국 정부에 신청할 수 있었다.

2024년 8월 한국조폐공사는 K-DID 해외 진출 대상 국가를 발굴하고 중장기 '모바일 신분증 해외 진출 로드맵'을 마련하고 디지털 전환 의지가 명확하고 모바일 수용도가 높은 우즈벡, 몽골, 코스

타리카 등을 대상으로 K-DID를 전파하기 위한 전략적인 노력을 추진 중이다.

　모바일 신분증 해외 수출 사업은 일회성 구축에 그치는 것이 아니다. 비대면 금융 거래, 성인 인증 관리 등 국내에서 활성화된 응용 서비스 사업 수출도 가능하다. 앞으로 잠재력이 큰 ICT 사업이다. 2025년에 수행할 '필리핀 디지털 신분증 구축 사업'이 그 원년이 될 것이다.

한국조폐공사의
사업 전환이 갖는 의미

"여기서는 같은 곳에 있으려면 쉬지 않고 힘껏 달려야 해. 어딘가 다른 데로 가고 싶으면 적어도 그보다 두 배는 빨리 달려야 하고."

– 루이스 캐럴Lewis Carrol, 《거울 나라의 앨리스》 중에서

소설 속 '거울 나라'는 어떤 사물이 움직이면 다른 사물 역시 같은 속도로 움직이는 이상한 곳이다. 그래서 움직이지 않으면 뒤처지고, 적어도 같은 속도로 달려야 제자리에 머물 수 있는 곳이다. 기업이 처한 환경은 마치 이 소설 속 세상과 같다. 끊임없이 앞으로 나아가지 않으면 도태되고, 앞서나간다 생각했는데 곧 추격자나 경쟁자가 나타나기 마련이다. 환경 변화에 대응하는 과정에서 성공하면 지속 성장, 실패하면 쇠락이나 몰락의 길로 이어지는 것은 당연하다.

한국조폐공사는 지금까지 남보다 두 배는 빨리 달려왔다. 화폐

감소라는 위기에 대응해오면서 정부의 지원을 일절 받지 않고, 화폐 생산을 통해 쌓인 기술력과 도전정신으로만 어려움을 극복했다.

그간의 사업 다각화 노력과 조폐를 산업으로 창조하고자 하는 전략을 추진하는 과정에서 위기 극복의 실마리를 찾았다. 이를 통해 수년째 감소하던 매출액도 2024년 들어 증가로 전환되었고, 영업이익 역시 늘어나 앞으로 성장세가 지속될 것으로 전망된다.

그렇다면 어떻게 사업 전환이 가능했을까? 먼저 화폐 감소는 한국조폐공사에 즉각적이고도 너무나 큰 충격이었다. 주력 사업이 쪼그라드는 상황은 존립에 대한 걱정으로 이어졌지만, 이는 시대적 흐름으로 피하거나 미룰 수 없는 것이었기에 새로운 길을 찾았다.

서리가 내리면 겨울이 올 것을 대비하라고 하지 않던가. 한국조폐공사는 첫서리가 내릴 때부터 겨울을 날 준비를 해왔다. 일찌감치 '현금 없는 사회'에 대비해 사업 다각화를 꾀했다. 수십 년간 화폐 제조를 통해 축적된 위변조 방지 기술과 특수 압인 기술을 바탕으로 새로운 청사진을 그렸고, 상당한 성과도 거뒀다.

또한, 끊임없는 도전과 실패에서도 나아갈 방향을 배웠다. 실패한 사업일지라도 최선을 다했던 직원은 또 다른 사업의 밑그림을 그릴 인재로 다시 등용하였다.

TSM은 실패했지만, 그때 개발된 블록체인 기술은 모바일 상품권 사업의 토대가 되었고, 고전했던 불리온 메달 사업의 경험은 예술형 주화 사업을 추진할 수 있는 기반이 되었다.

여기에 1951년 창사 이래 정부 지원 없이 자체 수익만으로 경영

해오던 한국조폐공사의 자립 문화도 한몫했다. 그뿐만 아니라 시대 상황에 따라 여기저기 근거지를 옮겨 다니며 변화를 두려워하지 않는 조직 문화, 극심한 대립을 끝내고 협력의 길을 모색했던 노사관계 역시 큰 보탬이 되었다.

지금까지 한국조폐공사가 걸어왔던 길을 뒤돌아보면 공공기관에게 나음과 같은 메시지를 전달할 수 있을 것이다.

먼저 이제 공공기관이 법적 보호와 정부 지원 아래에서 안정적으로 사업을 영위하던 시대가 끝났다는 것을 받아들여야 한다. 공공성만이 아니라 기업으로서의 지속적인 성장과 이를 통한 사회에의 기여는 환경 변화에 끊임없이 대응해야만 가능하다는 것을 알아야 한다.

다음으로 지금처럼 변화 속도가 빠른 시대에는 그 흐름에 올라타는 데 주저하지 않아야 한다는 것이다. 공기업이 문을 닫는 일, 예전에는 상상조차 힘들었던 일이 현실이 되고 있다. 한국조폐공사가 전통의 제조 기업에서 ICT 기업으로의 진화를 추구하듯, 변화를 예측하고 이에 대비하는 과정이 필요하다.

마지막으로 변화 추구 과정에서의 반대와 실패를 걸림돌이 아닌 디딤돌로 삼을 수 있는 건전한 조직 문화가 필요하다. 변혁에는 늘 반대가 있었고, 도전이 반드시 성공할 수도 없다는 것을 누구나 알고 있다. 그래서 구성원들의 지지와 합의를 이끌어내고, 실패에 대한 비난 대신 재도전의 기회로 치환하는 건전한 조직 문화를 만드는 것이 중요하다.

한국조폐공사라는 프리즘을 통해 보여준 다양한 스펙트럼을 변화를 추구하는 여러 공공기관이 모두 참고할 수는 없겠지만 적어도 더 나은 미래를 지향한다는 점은 같으리라 본다.

국가별 디지털 신분증 현황과 K-DID

세계 각국의 디지털 신분증 도입 사례는 모바일 신분증과 카드 타입의 실물 신분증으로 구분할 수 있다. 모바일 신분증의 경우 신분증 발급 신원 정보를 정부 기관 등에서 저장 관리하는 중앙 집중 신원 증명 방식과 개인의 스마트폰에 저장하여 스스로 관리하는 분산 신원 증명 방식으로 구분할 수 있다.

그동안 대부분의 국가는 신분증 발급 정보를 정부 주도의 중앙 집중 방식으로 저장·관리해왔으나, 개인 정보 해킹 사례 발생과 오남용 등 빅브라더* 문제점을 해소를 위해 자기 주권형 신원 증명SSI, Self Sovereign Identity 구현을 위한 분산 신원 증명 방식으로 전환을 준비하고 있는 것으로 확인된다.

유럽연합(EU)에 국내와 유사한 DID 관련 기술 표준(2023년 7월)이 제정되어 일부 국가가 도입했거나 도입을 준비하는 것으로 파악되며, 캐나다의 경우 민간 신분증에 DID 방식을 시범 사업으로 적용했으나, 국가

---

* 정보의 독점으로 사회를 통제하는 관리 체계

신분증에 성공적으로 적용한 사례는 한국의 모바일 운전면허증(2022년 7월)이 가장 앞선다.

주요 국가별 디지털 신분증 도입 및 기술 적용 비교(2024년 7월)

구분(국가 수) 중앙 집중 신원 증명		모바일 신분증				실물 신분증	
		분산 신원 증명			일반	스마트 (Chip)	
		신뢰 강화 (블록체인)	자기 주도 (DID)	정보 확장 (VC)			
한국 (K–DID)	주민증					○	
	운전면허증		○	○	○		○
	국가보훈증		○	○	○		○
캐나다	민간 신분증		○(시범)	○(시범)			
미국	운전면허증	○	○				○
독일	주민증	○					○
에스토니아	주민증	○	○				○
계(국가 수)		3	4	2	1	1	4

출처: World Bank, ID4D Practitioner's Guide, 2019.10.; KISA, 생애주기형 분산 ID 서비스 활성화 방안 연구, 2021.12.

지금까지 70여 년에 걸친 한국조폐공사의 도전과 실패, 재도전 과정을 살펴보았다. 뼈아픈 구조조정도 경험했고, 화폐 사용량 감소로 위기를 맞았으나 그때마다 새로운 길을 찾고, 디딤돌을 놓아왔다.

옛 유럽인들은 지중해 바깥을 세상의 끝으로 인식했다고 한다. 그리스 신화의 헤라클레스가 지중해의 끝, 지브롤터 해협에 금단의 영역을 알리는 두 기둥을 세운 이래 그 경계를 넘는 시도는 오랜 기간 없었다. 심지어 로마인들은 지중해 너머 대서양을 '암흑의 바다'라고 불렀다. 하지만 처음으로 지중해를 벗어나 먼바다로 나아가는 시도를 했던 스페인은 마침내 신대륙을 발견하고 대제국을 건설하였다.

지금까지 살펴본 한국조폐공사의 역사 또한 안전한 항구를 떠나 먼바다로 뱃머리를 돌린 개척의 여정이었다. 전쟁의 포화 속, 궁색한 피난지에서 설립돼 우리 화폐를 우리 손으로 만들기 시작한 이래 이제는 화폐 디자인부터 용지, 잉크 등을 직접 제조하기까지, 세계에서 몇 안 되는 조폐 기관으로서의 입지를 탄탄히 다졌다. 그뿐만 아니라 화폐를 제조하며 쌓인 기술력으로 여권, 신분증, 상품권, 불리온 메달 등 다양한 제품을 생산하는 종합 조폐 기관으로 성장해왔고, 시대 흐름에 발맞춰 ICT 서비스 기업으로의 진화도 모색해왔다.

이 변화는 고통과 희생이 따르는 고단한 과정이었지만 새로운 땅을 찾고, 항로를 열기까지 불가피하게 겪어야 하는 성장통일 뿐이었다. 대형 공기업에 비해 비교적 작은 규모이지만 정부의 도움 없이 자체 수익만으로 경영하고, 이익을 정부에 배당하는 건실함의 토대가 되었다.

한국조폐공사의 사업 전환기는 초대 로마 황제의 격언 한마디로 설명할 수 있다.

Festina lente(천천히 서둘러라).
– 아우구스투스

모순되는 말처럼 느껴지긴 하지만, 한국조폐공사는 미래를 앞서 준비하되 조바심내거나 서두르지 않고, 목표를 향해 거북이처럼 차근차근 걸어왔다. 이를 상징하는 조형물이 바로 한국조폐공사 현

한국조폐공사와 메디치가의 거북이	
갈라파고스 거북이	메디치가의 문장(紋章)

출처: 한국조폐공사

관에 있는 〈갈라파고스 거북이〉이다. 한때 유럽을 호령했던 이탈리아의 메디치 가문의 문장에는 거북이 등에 돛을 단 그림과 함께 "Festina lente"가 새겨져 있다. 메디치 가문은 알다시피 제약업으로 시작해 금융업으로 유럽의 돈줄이 되었고 세 명의 교황과 영국, 프랑스 왕실의 왕비를 배출한 걸출한 가문이다. 이후 르네상스의 열렬한 후원자로서 문화의 융성을 이끈 메디치 가문의 거북이가 의미하는 것은 한국조폐공사의 그것과 다르지 않다.

흔히 갈라파고스 하면 세상과 단절된 외딴섬으로 알려졌지만 의외의 반전이 숨어 있는 곳이다. 그곳의 동식물은 독자적인 진화를 거듭한 결과 찰스 다윈이 진화론의 기초를 완성하는 데 영감을 제공했다. 환경에 끊임없이 적응하며 멸종이 아닌 지속의 길을, 퇴행이 아닌 성장의 길을 걸어왔다. 이것이야말로 한국조폐공사가 추구하는 미래상이다.

프롤로그에서 얘기했듯이 한국조폐공사는 대한민국의 DSM이 되어 100년 기업으로 성장하는 진화의 모델이 되고자 한다. "조폐가 산업이 되다"라는 기치 아래 화폐 제조를 통해 쌓아온 기술력을 바탕으로 ICT·수출·문화 기업으로 다시 태어나고 있다.

한국조폐공사가 두려움의 대상이었던 헤라클레스의 기둥을 넘어선 순간부터 진화의 발걸음은 멈춤 없이 계속되어왔다. 그 지속적인 성장 과정을 계속 지켜봐 주길 바라며, 여기까지 독자들의 성원에 감사드린다.

1. 공사 주요 시설

한국조폐공사 본사 전경

조폐공사 본사 항공사진

한국조폐공사 화폐박물관(대전시 유성구 소재)

화폐 제품 판매관(서울시 마포구 소재)

2. 공사 제조 공정

① 면 펄프 생산(GKD)

② 은행권 용지 제조

③ 은행권 제판 작업

④ 은행권 인쇄

⑤ 은행권 검사

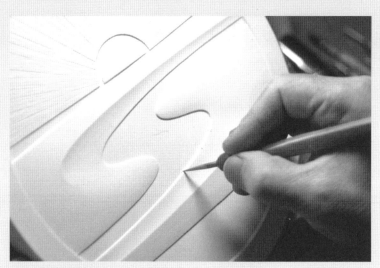

광복 70년 기념주화 석고판 조각

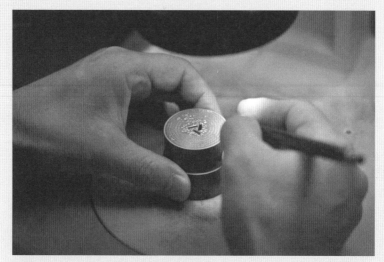

세븐틴 데뷔 10주년 공식 기념 메달 금형 수정 작업

여권 제조 공정

3. 공사 주요 제품

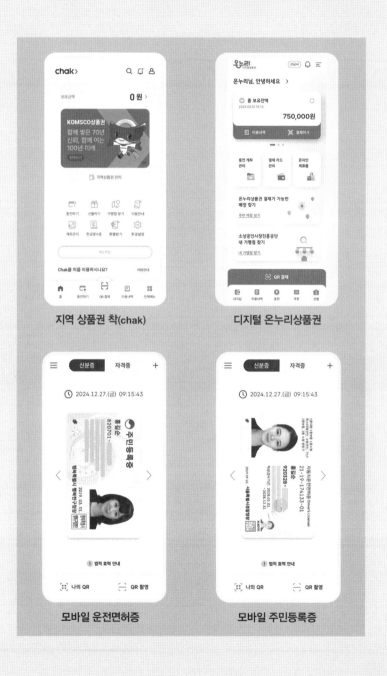

지역 상품권 착(chak)

디지털 온누리상품권

모바일 운전면허증

모바일 주민등록증

고심도 호랑이 메달

골드바

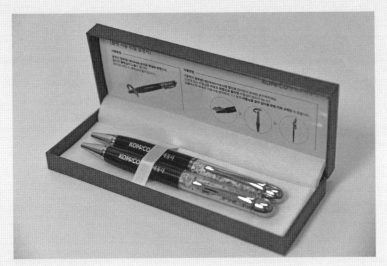

화폐 굿즈 돈 볼펜

돈 달력

화폐 요판화(인왕제색도)

손흥민 기념 메달

1951년 10월 한국조폐공사 창립(부산 명륜동 506번지)

1953년 8월 조폐공사 본사 서울 이전

1950년대 제지 초지기에서 최초 은행권 용지 생산

1953년 7월 부산 인쇄 공장 준공

1966년 12월 부산 주화 공장 발족

1975년 4월 경산 조폐창 준공

2007년 7월 ID본부 창립

2010년 8월 GKD 설립(우즈베키스탄)

2016년 9월 평창 동계올림픽 기념주화 공개 행사

2024년 8월 한국조폐공사 역도 선수 전상균 동메달 획득

화폐 기술의 미래

초판 1쇄 2025년 3월 5일

지은이 한국조폐공사
펴낸이 허연
편집장 유승현 **편집2팀장** 정혜재

책임편집 정혜재
마케팅 한동우 박소라 구민지
경영지원 김민화 오나리
본문디자인 푸른나무디자인

펴낸곳 매경출판㈜
등 록 2003년 4월 24일(No. 2-3759)
주 소 (04557) 서울시 중구 충무로 2 (필동1가) 매일경제 별관 2층 매경출판㈜
홈페이지 www.mkbook.co.kr
전 화 02)2000-2641(기획편집) 02)2000-2636(마케팅) 02)2000-2606(구입 문의)
팩 스 02)2000-2609 **이메일** publish@mk.co.kr
인쇄·제본 ㈜ M-print 031)8071-0961
ISBN 979-11-6484-757-0 (03320)